新典社選書
114

アニメと日本文化

田口 章子 編

新典社

はじめに　アニメを支える伝統文化の深層

本書は京都芸術大学舞台芸術研究センターを拠点におこなっている、日本学術振興会の科学研究費助成事業、学術研究助成基金助成金、基盤研究（A）「アジアの舞台芸術創造における国際的な「ラボラトリー機能」の実践的研究」のなかの「アニメと日本文化研究」の成果を書籍化したものである。

現代の日本文化を代表するアニメーションに注目し、独自の視点から検討しようというのが、本研究会の趣旨である。研究会立ち上げに際し、提出した文章は次の通りである。

アニメは日本の伝統文化が新しい表現形態を得て、世界に発信されている現代文化である。日本の伝統とは、古典芸能に代表される型を重視する文化である。型は部分のなかに全体即ち神が宿るという精神である。この型重視の日本の伝統芸能に対し、西欧近代文化を領導した精神は人間それも個人の重視である。

日本のアニメが世界に受け入れられ、大きな影響を与えている現状の根源には、神を見失いつつあった西欧近代が、日本のアニメを通して、再度、神と人の関係に注目しはじめたという事情が働いている。三年の研究で、アニメを通して、日本文化の神と人、海外文化の神と人の関係、さらに両者の交流の実際を明らかにする。

アニメの開拓者である手塚治虫は、アニメの語源が「アニミズム」であることについて次のようにいっている。

アニメーションというのは、一種の動き。動きと同時に生命の芸術であって実際に動かないものでもそれを動かすことによってそこに生命を与える。つまり、アニミズムなんですね。アニミズムというのは何か、あらゆるものに何かひとつの精霊が宿っていて命が宿っていて、なんでも実際には生きているんだと見る芸術的な考えなんですけど、アニメーションというのは一種のアニミズムだと思います。

（朝日賞受賞記念講演　一九九八年一月十三日）

アニメが、万物に精霊が宿るという思考法を深層に持っていることを示す鋭い指摘である。日本には表面にみえていないが確実に脈々と流れている深層の文化がある。学問の世界は西欧近代理論で説明することが主流になっているが、日本文化を西欧に始まる近代理論で説明することはむずかしい。日本独自の視点が大事である。

アニメを、歌舞伎・人形操り・妖怪・漫画・浮世絵・物語との関係から紐解き、日本のアニメが伝統的な日本文化との関係なしには成立しなかったことを明らかにしたのが『アニメと日本文化』である。

田口章子

目　次

各論

総論

日本文化としてのアニメ論

諏訪春雄

1　アニメとは何か

「アニメ」はアニメーションの略である。一般的な辞書では次のように説明されている。

「アニメーション」　絵や人形などを少しずつ位置・形をずらして、一こまずつ撮影し、映写すると動いているように見える映画。動画。『大辞泉・小学館』

私は二〇〇五年一月に責任編集者として刊行した『ＧＹＲＯＳ　10』の特集「アニメ文化」(1)

の冒頭で、特集の目的について次のようにのべた。

アニメは、かつては子どもの占有物とみられ、大人のアニメ愛好者は皮肉の意味をこめてオタクとよばれました。しかし、いま、アニメは日本を代表する文化として、国内だけではなく、海外にも急激に愛好者をふやしつづけています。日本の伝統文化についてまったく知識をもちあわせていない人々もアニメについては豊富な知識をもち、日本のアニメを通して日本を理解するという現象が日常化しています。

たしかに、アニメは、日本人の感性、美意識、感覚、理想、道徳などを、そのままに表現していて、まさに日本そのものといえます。

この考えは、現在も変わっていない。

アニメの起源については、日本、西欧、それぞれに、古代の動物壁画にまで遡る説がそれぞれに提出されている。例えば西欧のアニメの起源とされる動物壁画には、約三万二千年前の旧石器時代に描かれたショーヴェ洞窟の壁画がある。

フランス南部ショーヴェ洞窟壁画は、次のような画である。

ショーヴェ洞窟壁画からは現在判明しているだけで二六〇点の動物画が見付かっており、その総数は三〇〇点を超えると見られている。描かれている動物は、現在のヨーロッパでは絶滅した野生の牛、馬、サイ、ライオンなど十三種類あり、その中にはフクロウやハイエナやヒョウなど、従来知られていた氷河時代の洞窟壁画には見られない（あるいはごくわずかしか描かれていない）動物も含まれている。[2]

アニメの起源については、日本説と海外説があって、対立している。しかし、絵画や動画が、いつ、どこで始まったかを議論することには、あまり意味がない。大切な視点は、日本のアニメはどのような特色を持ち、どこが西欧型アニメと同じで、どこが違うかを明らかにすることである。

絵画がいつどこで始まったかを議論することにはあまり意味がなく、日本絵画と海外絵画の違いを明らかにすることこそが重要であるのと、同一である。

2　絵画は神の姿

日本の絵画は古代にまで遡れば神の姿を表現していた。第一段階は神そのものであり、第二段階では神が降臨して止まる座であった。絵画がこうした神やさらに仏などの霊的存在と無関係に、人間の娯楽と考えられるようになったのは、絵画の歴史において最終の第三段階であった。

絵画が神仏そのものと観念される分かりやすい例は、神社や仏教寺院の神像や仏像である。神仏の絵は、ほとんどは神仏そのものであるが、普段はその場におられない神仏が、人間の祈願に応じて降臨する座でもある。神や仏の絵姿を贈るという行為は、相手に神仏が降臨して守護してくださるようにという祈願の表現でもある。

伊勢、熊野、鹿島などの各神社の御師《おし》と呼ばれる祈禱師・神官たちが、季節ごとに信者にお札を配布してまわる行為がその具体例である。

絵画はやがて人の楽しみに変化する。

絵師は巫師《シャーマン》であり、神仏を降臨させる依代として、自ら神仏の姿を描いた。中国では、ふつうにみることのできる信仰である。

中国上海南通県の僮子戯とよばれる民間のみごとな祭りで、私はかつて太極図を祭壇のまえに描く巫と、彼によってみごとに描かれた太極図を、中国調査で実見した。太極は世界の根源となる神である。

また、中国の民間祭祀ではじめに巫師によって数百枚の神々が描かれ、祭りの祭壇に貼り渡される。

日本の神社信仰では御師と呼ばれる神主たちが、信者に配るお札には神々の姿が描かれる。

3　絵画表現に探る日本文化

近世の舟木家本「洛中洛外図屛風」の左隻では、中心部を賀茂川が流れ、五条大橋、方広寺大仏殿などが大きく描かれ、焦点を当てられた描写対象を繋いで金雲（スヤリガスミ）が配される。視点を移動させて描写対象を選択すると、これだけの大画面では全体の構成に矛盾、ほころびが生じる。それを補正するためにスヤリガスミが利用される（諏訪春雄『日本人と遠近法』挿絵参照）。

金雲（スヤリガスミ）は神仏がこの世に出現する際に乗ってくる白雲である。

中世の「住吉物語絵巻」では、吹抜き屋台と呼ばれる描法で、壁・屋根を外し斜め上からの俯瞰法で描かれる。

近世前期の菱川師宣の「吉原風俗図巻」では、場面が小さいために視点移動の描写法を採りながらスヤスリガスミは使用されていない。

日本絵画に視点移動に代わって遠近法描写が生まれた過程をみていこう。京都国立博物館所蔵の狩野山雪「雪汀水禽図屛風」では、完全な遠近法とはいえないが、遠小近大の中国画法の影響がみられる。

同じく京博所蔵「八坂塔曼荼羅図絵」では、中心大・周辺小の描法が採用されている。

宗教のパンテオン（秩序）形成に伴って諸神仏に大小の区別が生まれると、その影響で絵画にも大小の区別の生まれることが分かる。中国の道教の三神図がその分かりやすい例である。

日本絵画が西欧遠近法を受容した最初は、近世浮世絵の浮絵である。西村重長の浮絵が早い例である。この西欧遠近法受容は直接ではなく中国経由であった。

純正遠近法は西欧美術において始まった。すべての対象を絶対な神の視点で認め、その視点からの遠近で世界を秩序づける描写法である。

たとえばレオナルド・ダ・ヴィンチ「最後の晩餐」は西欧の線遠近法の純正例であり、描写対象から辿った消失点は一個である。一点に集中する消失点は絶対の神の視点である。

この西欧遠近法を早く受容した中国では清代、すでに遠近法描写が盛行していた。道、人物、建物などを描いた絵を見るとみごとな遠近法で統一されていることが分かる。たとえば蘇州版画清代の「西湖行宮図」である。

日本の遠近法が中国経由であることの一つの証明をかつて私は『日本人と遠近法』(3)において提示した。そこで用いたのは、蘇州版画「蓮池亭遊戯図」と奥村政信の浮絵「唐人館之図」の比較である。浮絵の最初期の作品である。浮絵は、西欧の透視画法（遠近法）を用いて、屋内の様子などを遠近感を強調して描いたもの。近景が浮き出て、奥行きが深まって見えるのでそのように名付けられた。浮絵は奥村政信がはじめて描いたとされ、享保（一七一六―一七三六）の頃の作品が最も古い。

日本に西欧遠近法が渡ってきたルートと時期については、長く、西欧から長崎経由で直接とする説と中国経由とする説が対立していた。その対立に決着をつけたのが、私の『日本人と遠近法』であった。奥村政信の浮絵が中国版画によっていることは明らかである。

そののちの鳥居清経「浮絵劇場図」などでは、伝統的な視点移動と海外の遠近法が融合している。

ここでこれまで、この節でたどってきた絵画でたどる日本人のものの見方の特色をまとめておこう。日本の絵画の描法からもあざやかに見えてくる日本人と日本文化の本質は、日本のアニメにも表現されているのである。

○低視点を自由に移動し対象に接近
○遠近法がなく陰影描写もない
○絵はアニミズムの神々の描写（形代）に始まる
○神々に大小の序列がなく人間の方から接触
○神々の序列が発生し画像も大小の別が発生
○中国唐代の遠小近大の画法が日本にも影響
○西欧遠近法は中国経由で近世中期日本に入る
○しかし完全には西欧化せず低視点の移動を残した
○絵は日本の視点移動文化の分かり易い具体表現

4　型を重視する日本文化

古い要素を保存しその基盤のうえに新しい要素を加えて再生していくのが日本の文化の特色

である。典拠即ち型の重視といいかえることもできる。たとえば文芸では、本歌・本説・本文・本意・世界などの型を重視し、本歌取り、もじり、もどき、パロディ、趣向などの技法を使って作品を作った。しかも型は隠すものではなく、万人共有・熟知の型を重んじた。その型は、民族の深層意識への通路であり、制作された作品は、個性や独創の緊張を求める近代芸術とは異なる古典となった。

句を作る際に人の知らない歌（型）を用いてはならない。利用できる歌は『続後撰集』の十代集まで、歌人は『堀川院百首』の歌人まで（近世中期俳人服部土芳の俳論『三冊子』）

日本の伝統芸能・芸道はすべて型を持つ。型とは、芸能・芸道の演技・演出の細部にまでいき渡る定められた手順である。

型は、《カミ》つまり普遍的価値、宇宙の生命へ通じる通路である。部分を表現する型に《カミ》が宿る。そこには、部分にそれぞれの神が宿っているという日本人の多神教の信仰が生きている。型は形《かたち》であり、《カミ》の具体化である。

型は、創造の場である。型を守るとは、そこに降臨する新しい《カミ》すなわち新しい価値と生命を生む覚悟を持って努力することである。「一期一会」〈千利休〉、「文台引き下ろせば反故」〈芭蕉〉などの先人のことばにはその必死の覚悟が表現されている。先人の努力の結晶が型である。

型には人類の可能性がある。「神は細部に宿る」というドイツ建築家ミース・ファン・デル・ローエの名言に通じる。

日本の型文化は多神教から生まれた。多神教は唯一絶対の神を信仰する一神教と対峙する。多神教の信仰から多様な芸能や演劇が誕生したのに対し、一神教はかんたんな宗教劇や宗教音楽を除き芸能や演劇を生んではいない。シェイクスピアやオペラ等は十四世紀に始まるルネサンス以降の産物である。

一神教のユダヤ教、キリスト教、イスラム教などが他の宗教の神をみとめず、十字軍の昔からイスラエル・パレスチナ紛争の今日まで、歴史の上でつねに宗教紛争をおこしてきたのに対し、日本の多神教は日本仏教の神仏習合や本地垂迹の思想にも示されるように、おおむね他の信仰に寛容であった。また一神教が神と人間との間の断絶を強調するのに対し、多神教はカミと人との交流を大切にし、人はそのままでカミともなれる存在であると教えてきた。

日本文化としてのアニメは、漫画、浮世絵、風俗画など伝統絵画の手法と、歌舞伎、文楽、映画などの民俗芸能の手法を基に、民俗信仰の典拠に創意を加えて、忘れられかけている日本人の本質を表現している。アニメは日本文化における型の手法の再生である。

5　型文化としてのアニメ

「絵では表現しがたいもの、しかし、絵でしか表現できないもの」は、アニメ監督の高畑勲のことばである。(4)

つまり「絵の型によって絵の型を超える」が高畑の目指したアニメの理想であった。

高畑勲は「高畑勲展」図録で、自分の苦闘についてのべている。原作・典拠つまり型の理解に苦心した様子が如実にうかがわれる。

スタジオジブリの盟友・宮崎駿《はやお》とは異なり、自分では絵を描かなかった高畑。初監督映画『太陽の王子　ホルスの大冒険』では、物語の盛り上がりの起伏をグラフで図案化した「テンション・チャート」や登場人物の相関図などを書き、チームの意思統一に心を砕いた。

脚本・監督を務めた『火垂《ほた》るの墓』の場合、野坂昭如《あきゆき》（一九三〇～二〇一五年）の原作小説を切り張りしてノートに再構成。そこにアイデアを記したメモやセリフの素案を加えるなど、原作と格闘した跡がみえる。原案・脚本・監督を務めた『かぐや姫の物語』の場合、「竹取物語をいかに構成するか」というレポートでは、翁《おきな》がかぐや姫を永遠に自分のものにするため刺し殺し、その後自分も死ぬという衝撃的結末のアイデアも記されている。

宮崎との共作には発見もあった。例えば、一九六〇年ごろ、二十代で書いたメモ「ぼくらのかぐや姫」。所属する制作会社が募集した『竹取物語』のアニメ化企画に際し、アイデアを書き留めていた。そこには「絵巻物をよく研究して、その描法を生かすこと。特にトレス線を活用」などと記されていた。半世紀以上後に制作された「かぐや姫の物語」を予期させる内容だった。

6 水木しげるの世界にみるアニメの型

アニメが先行する型をどのように利用して、新しい作品を創ったか、その具体的な様子を水木しげるの作品『ゲゲゲの鬼太郎』におけるキャラクターから探ってみよう。

まず、伝統的造形の構造を利用したキャラクターからみていく。

ぬらりひょん

ぬらりひょんは妖怪の総大将である。民俗では得体の知れない、夕暮れにふらりとどこからともなく出現する、つかみどころのない妖怪である。鳥山石燕《せきえん》「画図百鬼夜行」の構図によっている。

いそがし

とりつかれるとむやみにいそがしくなるという妖怪。八代市所蔵「百鬼夜行絵巻」にみられるいそがしによる。

シーサー

沖縄の守り神に由来する妖怪で、鬼太郎を慕って森にやって来た。早く父のような立派な妖怪となるため、鬼太郎を手本に日夜頑張っている。頭の角をドリルにして、地中を自在に動き回るなどの活躍をみせる。その外見から犬扱いされてしまうペット的存在でもある。

方相氏

元来は中国から伝来した儺の祭りの主神。京都の吉田神社、平安神宮などの節分に登場する四つ目の神による。方相は四方を見る意味。

サラリーマン山田

水木による鋭い人間分析が根底にある。出っ歯で眼鏡の脇役のみじめな生き様に作者の皮肉な人間観をうかがうことができる。しかし、鬼太郎と妖怪たちの戦いを通して作者は人間に対する根底の信頼を示す。水木しげるワールドの暖かさである。型による造形を通して新しい人間観、世界観を提出するキャラクターである。

天童ユメコ

一九八五年放送開始のアニメ第三期オリジナルキャラクター。鬼太郎に助けられたことが縁で友達になった人間の少女。美しい外見にキレイな心を持ち合わせているため、妖怪の目標にされることも少なくない。だが意外とチャッカリした現代子っぽい面もあり、鬼太郎に好意を寄せている。家族は父母と弟の星郎の四人家族。

いやみ

人間観察によって生まれたキャラクターで情感の妖怪化である。人間の幸福感を吸い取る妖怪で、別名エロモドキともいう。吸いこんだ幸福感をイロ気という気体に変え、それを吹きかけた相手を骨抜きにする。実は通常の人間体は擬態で、正体は身体全体が大きな顔の一つ目の妖怪である。

ぶるぶる

本来は人間が怖いと思ったときに発する冷気を食べるだけの妖怪だったが、アニメでは車を運転する人の熱を奪ってブルブルと震えさせ、交通事故を誘発させた。蒸気のようで見えづらいので、発見するのには妖怪めがねが必要。弱点は煙と熱さで、焚き火などが苦手である。

コケカキイキイ

水木による鋭い文明批判の結晶である。戦争・薬害・環境悪化・小生物の存在の四つのテーマを結合させている。戦争で二人の子を失った老婆が死を迎えるために入ったある家で薬害で手足が不自由になった捨て子の赤ん坊、排気ガスで動けなくなって捨てられた猫、猫にたかっていたシラミに出あった。彼らは合体して異次元のコケカキイキイという生物となり、人々の不満を食べながら社会の悪を減らしていく。

本節最後に複合したキャラクターであり、主人公の鬼太郎についてみる。鬼太郎の正体は幽霊・妖怪・人間の三者を兼ねる。そのことは以下の彼の特質から判断される。まず幽霊としての要素についてみる。

○両親が自ら幽霊族と名乗っている。

○鬼太郎はほとんど不死身である。体が溶かされようとバラバラになろうと、甦ることができる。水虎との戦いでは、自分は幽霊の子だからいくら体が冷えても平気だと言って体を氷点下まで冷やしていた。
○鬼太郎の両親は死者である。
○死人の世界へ自由に往来できる。

また鬼太郎の正体は妖怪でもある。鬼太郎は妖怪性も持っており、妖怪と幽霊の相違をわかりやすく示すと以下の通り。

妖怪……生・人以外・異界
幽霊……死・人・他界

さらに鬼太郎の正体は人間でもある。鬼太郎は人間の形をしている生者である。ただし、生者でありながら不思議な霊能力を持つ点で妖怪性を具える。鬼太郎が妖怪でもあることを示す最大の特徴は一つ目である。妖怪の一つ目小僧の流れを汲む。

鬼太郎の誕生は「子育て幽霊」の話型によっている。飴屋に一文を持って毎晩女が飴を買いにくる。飴屋が不思議に思って跡をつけると女は墓地に消え、墓を掘りかえすと母親の死体の側に元気な赤ん坊が生きていた。この赤ん坊は人間である。

このように多様な性質を持つ鬼太郎だが、本質はその名が示す通りに鬼である。日本の鬼は中国や韓国の鬼とは違って、幽霊と妖怪と人間の三つの本質を兼ねそなえる。

この三者を兼ねる存在には神も含まれるが鬼太郎は絶対的力を持つ神ではない。弱点があり武器の力をも借りる。また日本の鬼には悪鬼も存在するが多くは人間に福をもたらす善鬼であり、鬼太郎の性質もそれを継承している。

7　『千と千尋の神隠し』にみるキャラクター

宮崎駿《はやお》『千と千尋の神隠し』から主要キャラクターを列挙してみよう。『千と千尋の神隠し』主要キャラクターは次のように分類できる。

動物霊……父役の蛙　兄役の蛙　湯屋で働く青蛙たち　ナメクジ女たち　湯バード　オオトリさま　河の神（蛇）　牛鬼

植物霊……おしらさま（大根）
狭義の自然霊……おクサレさま（河）
人間霊……釜爺　頭《カシラ》　おなまさま（なまはげ）
器材霊……ススワタリ（ボイラー室の釜焚き）
複合霊……ハク（湯屋の帳場）　カオナシ

図1　千尋とハク

図2　カオナシ

図3　ハク

図4　ススワタリ

これらのキャラクターについて次節でさらに検討を加える。

8　霊魂論としてのアニメの主役は妖怪
――霊魂・神・妖怪・幽霊・魔の相互関係――

「霊魂」や「神」は日常に使用される術語であるが、その本質や相互関係について定説のない用語でもある。日本アニメの本質を究明するために、本稿での意義をまずここできちんと定義しておこう。


霊魂＝身体と区別され、身体を支配する非物質的・霊的存在。他界と異界の双方に住む。

神＝人間のほうから接触する存在。他界と異界の双方に住む。

妖怪・幽霊＝人間に接触を求めてくる霊魂。

妖怪＝生者・人以外の存在で異界に住む。

幽霊＝死者・人で他界に住む。

魔＝妖怪・幽霊の祟りの本体と作用。


なお、異界と他界の違いは次のように説明できる。

異界

空間的概念である。人間が日常生活を営む空間と重なり、あるいはその周辺に広がる非日常空間をいう。内に対する外の語で表現される関係概念で、その位置は相対的に変化する。

他界

空間と時間を合わせ持つ概念である。現世の非日常空間であるとともに、人間が誕生前及び死後の時間を送る世界である。この世に対するあの世、此岸に対する彼岸などの語で表現される関係概念であるが、その関係は可変的ではなく、絶対的に固定されている。次の図で示す通りである。(5)

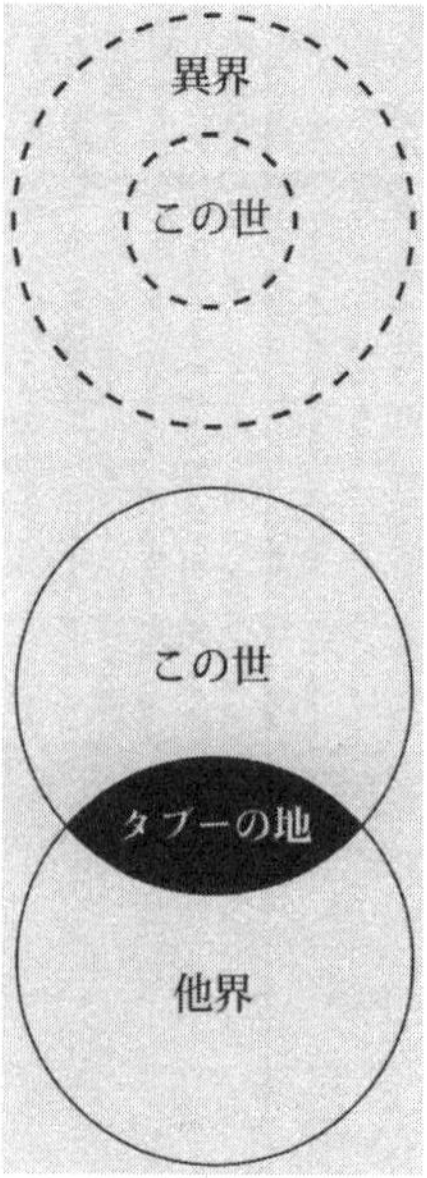

異界と他界

この問題について、私を巻き込んで提示された興味ぶかい提案をみてみる。

近世文学者の諏訪春雄氏は、幽霊は死者の世界であるあの世即ち「他界」に住み、そこは妖怪の住む「異界」とは別だという。これに対し民俗学者の小松和彦氏は、妖怪とは異界に住む「祀られぬ霊的存在」とし、幽霊は妖怪の一つで、死者の特殊なタイプと考える。何が特殊かというと、幽霊は生前の姿で生者の前に現れるのだが、死霊が鬼や人間以外の形で現れると妖怪と言われるのだという。（江戸東京博物館「大妖怪展」解説、安村敏信）

このように、諏訪説・小松説を紹介したのち、安村氏は、対立を解消するために、幽霊と妖怪を含む、「化物」という上位概念を提出する。化物は、たしかに幽霊と妖怪を含むことばとして江戸時代からさかんに使用されてきたが、妖怪に比べて、意味・内容が曖昧であり、日本人をひきつけるだけの魅力は持っていない。また、小松氏は、はじめは幽霊を妖怪の一部と考えていたが（『妖怪学新考』小学館、一九九四年）、のちに「怪異」ということばで、幽霊と妖怪の両者を現わす考えに変わった（『日本妖怪学大全』小学館、二〇〇三年）。

しかし、「霊魂」という汎世界的な学術語が定着していることに両氏は気づいていない。すべては霊魂に包括される働きである。

霊魂のなかで神と妖怪・幽霊の相違について考える。神は次のように分類される。

自然神＝日月星辰や風雷鳴などの天体・気象現象、木石山水や動植物など、自然現象や自然物。

人格神＝人間を神格化した一群の神々をさしている。男神・女神、創造神・破壊神、英雄神・文化神、農業神・工業神・狩猟神・漁労神、守護神、祖先神など。

超越神＝現世を超越する絶対神である。キリスト教やイスラム教、仏教などの神仏。

妖怪はこの分類における自然神であり、幽霊は人格神に属する。妖怪も幽霊も広義の神である。狭義の神とは次のように区別される。

神（狭義）……人間の本質を補完する霊的存在

妖怪・幽霊……人間の本質をあばく霊的存在

日本の妖怪は四分類される。


自然の妖怪＝妖怪化した自然神、天狗・河童・鵺・殺生石・信太妻など。

人間の妖怪＝妖怪化した人間神、清姫・一つ目小僧・生霊・山姥など。

道具の妖怪＝妖怪化した道具、沓・琵琶・扇子・傘・下駄・釜・鋏など。

創作妖怪＝アニメ・漫画・劇画の類の妖怪、砂かけ婆・ねずみ男・ハク・ポケットモンスター・オバケのQ太郎など。


このように定義すると、アニメキャラクターの主役は妖怪であり、全体像は霊魂である。アニメのキャラクターは全体として人間（観客とアニメの登場人物を含む）に接触を求め、人間の本質を露呈させる。その点では妖怪性が強く、キャラクターの主役は妖怪である。しかし、アニメの世界には、人間、狭義の神（体系化され、教祖・教義・信者のそろった宗教の神）、広義の神（自然信仰の対象としての霊魂）、幽霊、魔なども活躍し、しかも複合しているキャラクターが多い。

全体としてはアニマ（霊魂）の世界である。

9　西欧のコラボレーション

日本の「型」と類似する術語を西欧演劇・美術に求めると「コラボレーション」がそれに当たる。しかし、型とコラボレーションには決定的な違いがある。コラボレーションのいいかえ語は「共同制作」である。以下にコラボレーションの用例をあげる。

日本画・華道・陶芸という伝統分野で独自の表現を追求している作家3人のコラボレーション共同制作。（『精選版日本国語大辞典』小学館、二〇〇六年）

この意味は、異分野の者同士が、力を出し合って共同で作り上げることである。事業などを共同で行なうことについていう場合は、「共同事業」などといいかえられる。研究や作業などを行なう場合は、「共同研究」「共同作業」でよい。労働や経済の分野などで協力して働くことをいう場合は、「協働」と言い換えることもできる。

「コラボ」という略語で使われることもあるが、意味は同じである。すなわち、技術論のコラボに対して日本の型文化は精神論である。

日本の型文化は多神教から生まれた。多神教は唯一絶対の神を信仰する一神教と対峙する。多神教の信仰から多様な芸能や演劇が誕生したのに対し、一神教はかんたんな宗教劇や宗教音楽を除き芸能や演劇を生んではいない。

一神教のユダヤ教、キリスト教、イスラム教などが他の宗教の神をみとめず、十字軍の昔からイラン・イラク紛争の今日まで、歴史の上でつねに宗教紛争をおこしてきたのに対し、日本の多神教は仏教の神仏習合や本地垂迹の思想にも示されるように、おおむね他の信仰に寛容であった。また西欧の一神教が神と人間との間の断絶を強調するのに対し、日本の多神教は神と人との交流を大切にし、人はそのままで神ともなれる存在であると教えてきた。

西欧コラボに対する型文化の違いは、一神教に対する多神教の相違に由来する。

まとめ　日本アニメにみる日本文化の本質

日本アニメの図柄には、対象に接近して単一の主題を扱う、純正遠近法がない、陰影を伴わないことが多い、という三つの特色が保存されている。この三点は、日本の伝統絵画、伝統芸能の特色でもある。題材は古今東西にわたっていても、日本のアニメには、日本人の多神信仰が生み出した神の依代の伝統を残している。

日本のアニメの図柄からみえてくるものは、神々に大小の区別がなく、人間のほうから接触し、捧げ物をして拝んでまわった日本の多神文化の特色である。固定された神の視点ですべてを見る一神教文化（西欧）、神々に大小の区別があって、その視点に序列のある一神教的多神文化（中国）の影響を受け容れながらも、核心となる伝統を保存しつづける日本文化の本質が日本アニメからも明らかになる。

日本の芸能、芸道も、日本の神祭りから生まれた。祭りは神中心《娯神＝神を楽しませる》から、大きく、人を楽しませる娯楽へと移り変わった。同様に、芸能、芸道も神中心から人中心へと推移した。アニメはこの娯人の段階における芸道のひとつとして誕生した。しかし、日本の伝統芸能と芸道には、人中心の段階になっても神人共存の精神を大切に保存しており、神と人が交流する場となり、生命更新を果たす働きを失うことはなかった。

日本のアニメが西欧アニメと異なるのはこの生命更新の働きを持つことである。

日本文化としてのアニメは、漫画、浮世絵、風俗画など伝統絵画、歌舞伎、文楽、映画などの伝統芸能の手法、華道、茶道、香道、武道などの芸道、そして民俗信仰の典拠に創意を加えて、忘れかけている日本人の本質を表現している。アニメは日本文化の型の手法の再生である。近年、アニメの手法について、新たに「二・五次元」と「記号」という二つの術語が使用されることがある。この二つは、日本芸能・芸道の型のいいかえである。

二・五次元は、（主にアニメーションファンの間で）二次元を立体化したものや、逆に三次元を平面化したものをいう。前者はアニメなどのキャラクターのフィギュアやコスプレーヤー、実写化・舞台化作品、後者は実在の人物を元に創作されたアニメやゲームのキャラクターなどをいい、また声優を指すこともある(6)。

記号は一つの対象であるが、他の事象の本質を表象するものであり、記号によって認知された表象が、記号の持つ本来の意味とされる。すなわち記号は意味の担い手であり、命名法の一種でもある。

つまり、両者ともに多様な事象・万物の形代である型から神の本体をうかがう日本人の信仰の在り方のいいかえである。

注

（1）諏訪春雄責任編集『ＧＹＲＯＳ　10』特集「アニメ文化」勉誠出版、二〇〇五年一月
（2）港千尋『洞窟へ　心とイメージのアルケオロジー』せりか書房、二〇〇一年
（3）諏訪春雄『日本人と遠近法』ちくま新書、一九九八年
（4）二〇一九年七月〜一〇月、東京国立近代美術館「高畑勲展─日本のアニメーションに遺したもの」
（5）諏訪春雄『霊魂の文化誌　神・妖怪・幽霊・鬼の日中比較研究』勉誠出版、二〇一〇年より転載
（6）藤津亮太『アニメの輪郭　主題・作家・手法をめぐって』青土社、二〇二一年

図版

図１　スタジオジブリ公式ＷＥＢサイト「作品静止画」
図２　スタジオジブリ公式ＷＥＢサイト「作品静止画」
図３　スタジオジブリ公式ＷＥＢサイト「作品静止画」
図４　スタジオジブリ公式ＷＥＢサイト「作品静止画」

各論

アニメと歌舞伎・文楽

田口章子

はじめに

アニメーションは日本を代表する文化のひとつとして注目を集めている。アニメーションの略語「アニメ」が外国語化し、海外でも「ＡＮＩＭＥ」と呼ばれ、世界の共通語となっている。日本が世界に誇るアニメーションは、しかし、突然あらわれて世界から注目されたのではない。日本のアニメーションは、日本の伝統文化の根本を継承して誕生した。ここでは、歌舞伎、文楽（人形浄瑠璃）をとりあげ、日本のアニメーションの深層を支えているのが伝統文化であることをあきらかにする。

1 日本のアニメ文化史

アメリカ合衆国で初のアニメーション『愉快な百面相』（ジェイムス・スチュアート・ブラックトン監督）が上映されたのは一九〇六年（明治三十九）。日本で初めてのアニメーションはそれから十一年後の一九一七年（大正六）、『芋川椋三玄関番の巻』（下川凹天作）、『猿蟹合戦』（北山清太郎作）、『塙凹内名刀之巻』（幸内純一作）がいずれも浅草で上映された。『塙凹内名刀之巻』（上演時のタイトルは『なまくら刀』）は、二〇〇八年（平成二十）にフィルムが発見され、日本のアニメで現存する最古のものとして話題を集めた(1)。

本格的なアニメーションの始まりは一九六三年（昭和三十八）、初のテレビ放送による『鉄腕アトム』（手塚治虫）であった。日本で初めての国産テレビアニメとしてアニメ化された第一作目の平均視聴率は三〇パーセント近い人気を博し、一九六六年（昭和四十一）まで放送。その後、世界各地でも放映された。

東京オリンピックを境にテレビが急速に普及すると、一九六八年（昭和四十三）『巨人の星』（梶原一騎）、一九六八年（昭和四十三）『ゲゲゲの鬼太郎』（水木しげる）、一九六九年（昭和四十四）『サザエさん』（長谷川町子）、一九七一年（昭和四十六）『ルパン三世』（モンキー・パンチ）、一九七三年（昭和四十八）『ドラえもん』（藤子不二雄）、一九八六年（昭和六十一）『ドラゴンボール』（鳥山明）、一九八八年（昭和六十三）『アンパンマン』（やなせたかし）、一九九〇年（平成二）『ちびまる子ちゃん』（さくらももこ）など、原作の漫画を中心に次々にアニメ化、放映された。

テレビ放映だけでなく、劇場版のアニメも多く公開されている。一九六八年（昭和四十三）『太陽の王子　ホルスの大冒険』（高畑勲監督）、一九七七年（昭和五十二）『宇宙戦艦ヤマト』（松本零士監督）、一九七九年（昭和五十四）『銀河鉄道９９９』（りんたろう監督）、一九八四年（昭和五十九）『風の谷のナウシカ』（宮崎駿監督）、一九八八年（昭和六十三）『となりのトトロ』（宮崎駿監督）、一九九七年（平成九）『もののけ姫』（宮崎駿監督）、二〇〇一年（平成十三）『千と千尋の神隠し』（宮崎駿監督）は邦画歴代一位の興行収入となり、同作品は翌年二〇〇二年（平成十四）に、ベルリン国際映画祭金熊賞を受賞、二〇〇三年（平成十五）には、アカデミー長編アニメ映画賞を受賞した。

二〇一二年（平成二十四）、日本動画会調べによれば、この年のテレビアニメの制作本数は二二二本、劇場版アニメも五十本を超え、その隆盛ぶりは目を見張るものがある。

日本には数えきれないほどのアニメが存在する。おもな作品をとりあげて並べただけでも、濃密な発展と歴史を刻んできた日本のアニメ文化史を知ることができる。

2 日本アニメの特質

(1) 二つの特質

世代を超えて最も愛され、影響を与えたのはどの作品なのか。二十五~五十四歳の男女一〇〇〇人を対象に実施したアンケート「全世代で好きなアニメは? 一九六〇~九〇年代総合TOP50」(「日本経済新聞」二〇一四年六月八日 朝刊)のベスト10は次の通りである。

1『機動戦士ガンダム』(一九七九年)
2『ドラゴンボール』(一九八六年)
3『となりのトトロ』(一九八八年)
4『宇宙戦艦ヤマト』(一九七四年)
5『天空の城ラピュタ』(一九八六年)
6『ドラえもん』(一九七九年)
7『ルパン三世』2ndシリーズ(一九七七年)
8『サザエさん』(一九六九年)

9『銀河鉄道999』（一九七八年）
10『シティーハンター』（一九八七年）

1位の『機動戦士ガンダム』は、ロボットブームを巻き起こしたエポックメイキングな作品。2位の『ドラゴンボール』は、純粋に強さを追求しながらも、地球や仲間を守るために戦う悟空の熱いバトルが、時代や世代を超えて胸を熱くさせた。3位以降、姉妹と不思議な生き物「トトロ」との交流を描いた『となりのトトロ』、冒険活劇『天空の城ラピュタ』は宮崎駿監督作品。『宇宙戦艦ヤマト』はスペースファンタジー。『ドラえもん』、『ルパン三世』、『サザエさん』は長期にわたりテレビ放映されているシリーズ作品である。松本零士のSF漫画を原作とした『銀河鉄道999』は、第二次アニメブームの急先鋒となった作品。『シティーハンター』は北条司のハードボイルド漫画のアニメ化である。

これらベスト10の作品からみえる日本のアニメーションの特質は二つある。

すなわち

○喜怒哀楽に代表される基本動作の強調

○超越的存在である神仏と現世の人間の自在な交流

この二つの特質は「伝統芸能にルーツがあった」というのが私の主張である。

日本の伝統文化である歌舞伎、文楽（人形浄瑠璃）は十七世紀初頭、江戸時代に誕生し、庶民の娯楽として中心的役割を果たしてきた芸能である。

文楽は（江戸時代は人形浄瑠璃といわれていた）、三味線を伴奏に、太夫が物語を語り、太夫の語りにあわせて人形が動いてみせるのに対し、歌舞伎は役者の肉体表現でみせる役者中心の芸能という大きな相違はあるが、どちらの芸能も「型」を持っているという点で共通している。

(2)　喜怒哀楽に代表される基本動作の強調

日本のアニメーションの特質の一つ目は、喜怒哀楽にみられる基本動作を強調して表現することである。日本のアニメは登場人物の、喜び、怒り、哀しみ、あるいは楽しいという感情を表現するとき、必ず強調して描きだす。

歌舞伎、文楽（人形浄瑠璃）における感情の表現方法は、喜怒哀楽の基本だけを強調して表現し、「型」として固定させるという方法でみせていく。

人間の本質を「型」に凝縮させて象徴的に表現する文楽人形や歌舞伎の表現をいくつか挙げてみる。

「哀」の型

文楽人形は、きわめて制約された動きのなかで感情を表現することができる。一体の人形は三人で操る三人遣いである。「主遣《おもづか》い」が左手で首《かしら》の胴串《どぐし》を握って人形全体をささえ、右手で人形の右手を操作し、「左遣《ひだりづか》い」が右手で人形の左手を遣い、「足遣《あしづか》い」が両手で人形の両足を操る。シンとなる主遣いが、左遣いと足遣いに、次の「型」の指令を送り、人形に動きを集約させる。三人の気持ちと呼吸がぴったりとあったとき、人形の動きはまるで生きているかのようにみえる。

文楽には「哀《かなしみ》」を表現する独特の型がある。「うしろぶり」といわれるものだ。これは女の哀しみが頂点に達したことを表現する型である。

『艶容女舞衣《はですがたおんなまいぎぬ》』（安永元・一七七三年、大坂豊竹座初演）を例にみてみよう。通称「酒屋」といわれる町人を主人公に描いた世話物である。

酒屋「茜屋」の半七は妻お園がいるにもかかわらず、芸人美濃屋三勝と恋仲になってお通という子供までもうけ、家には帰らない。妻のお園は夫にふりむいてもらえない。その哀しみを表現するのが「うしろぶり」という型である。

「お気に入らぬと知りながら、未練な私が輪廻ゆゑ。添ひ臥しは叶はずともお傍にゐたいと辛抱してこれまでゐたのがお身の仇。」のところで、人形遣いは「ハッ」と言って「うしろぶり」をする。

「うしろぶり」に至る道程は

① 袖をふりながら前に出てピタリと止まって顔を正面に向ける。

② 美しい線を描いてクルリと後ろ向きになって左遣いが両袖を蝶の羽のように拡げる。

③ 一旦振り返りそのまま袖を顔に当てて泣き沈む。

とリズミカルに表現され、最後に

④ 切なく振り返って泣き崩れる。

というもので、哀しみをこらえる心を人形の背面を強調することで表現する。

首をひねって観客に横顔をみせるというかなり不自然な動きであるが、人間にはできない独特の美が、見物の心をゆさぶる。

「怒」の型

次は喜怒哀楽の基本だけを強調して表現し、型として固定させた例として、歌舞伎の「怒《いかり》」のうち、見得と隈取をとりあげる。

「怒」の表現を型として表現した見得といえば、『菅原伝授手習鑑』（一七四六年〈延享三〉八月、大坂竹本座初演）の「車引」である。

「車引」は、梅王丸・松王丸・桜丸の三つ子兄弟による喧嘩の場面を芝居にしたもので、（図1）は、その幕

図1　絵面の見得

切れを描いた浮世絵である。

菅丞相（菅原道真）が藤原時平《しへい》に謀反の濡れ衣を着せられ、大宰府に流されたという配流事件がモデルになっている。道真には多くの伝説、俗説があり、それらを趣向として巧みに取り込み、作品化したものだ。

長兄梅王丸は管丞相に、次兄松王丸は左大臣藤原時平に、末弟桜丸は天皇の弟斎世親王に仕えていた。次兄松王丸が仕える時平の謀反により、兄弟は敵味方になった。梅王丸と桜丸は、主君の敵藤原時平の吉田神社参詣の行列を襲うが、松王丸にはばまれる。

歌舞伎は、怒りの感情が爆発寸前の、一触即発の緊張する状況を「見得《みえ》」という表現の型でみせる。「見得」は劇の進行中に、感情の高揚したところで、動きを一旦停止して、ポーズをとるというもので、歌舞伎独特の手法である。怒りに燃える兄弟三人の感情を「見得」という方法で表現することで観客に強い印象を与えている。絵になりそうな美しい形でみせているので、幕切れのこの場面は「絵面《えめん》の見得《みえ》」といわれる。

強調の手法として、誰が「怒っているか」を強調してみせるために「衣裳」にも工夫を凝らし視覚化する。

役名にちなんだ衣裳という発想がしゃれている。梅王丸は「梅の花」のアップリケ（図2）、

図２　梅王丸の梅の縫い取り

図３　桜丸の桜の縫い取り

松王丸は「松」のアップリケ、桜丸は「桜の花」のアップリケ（図３）を縫い付けるというものだ。

日本のヒーロー、ヒロイン物のアニメにも歌舞伎同様に、決めぜりふとともに、決めのポーズが存在する。

例えば、武内直子原作『美少女戦士セーラームーン』。月野うさぎが、愛と正義のセーラー服美少女戦士・セーラームーンに変身し、日夜街を襲ってくる妖魔を退治して地球の平和を守るという物語だ。ドジで泣き虫な女の子月野うさぎが戦士セーラームーンに変身し、敵に対峙するとき、「月に代わって、お仕置きよ！」の決めぜりふとともに決めのポーズで美しく印象付ける。

例えば、武論尊原作・原哲夫作画『北斗の拳』。伝説の暗殺拳「北斗神拳」の伝承者であるケンシロウの生き様を描いたハードボイルドである。主人公ケンシロウが悪党を倒したとき、敵を指さしながら「おまえはもう死んでいる」と決める。

これらが歌舞伎の「型」に凝縮させて象徴的に表現する方法に由来していることはいうまでもない。

次は、登場人物（キャラクター）を視覚化して「怒」を表現する例として「隈取」を紹介する。

「隈取」とは、歌舞伎独特の化粧法である。白い顔に赤の隈は善人、赤い筋が多いほど怒りの度合いも強い。白い顔に青や茶の隈は悪人、人間以外の邪悪なものであることを表わす。見たらすぐにわかるというのが特徴である。

『菅原伝授手習鑑』の「車引」、梅王丸・松王丸・桜丸の三兄弟は、梅王丸が「筋隈《すじぐま》」、松王丸が「二本隈」、桜丸が「むきみ」（目元に紅を入れた隈）をしているが、筋の多い梅王丸の「筋隈」（図2）が、一番怒りの度合いが強いことを示している。

アニメーションの特質として挙げた喜怒哀楽に代表される基本動作の強調表現が、歌舞伎や文楽（人形浄瑠璃）という日本の伝統芸能にルーツがあったことを、「うしろぶり」、「見得」、「隈取」を例に紹介した。

（3）超越的存在である神仏や動物と現世の人間の自在な交流

日本のアニメーションの特質の二つ目は、超越的存在である神仏と現世の人間の自在な交流である。超越的存在である神仏には、妖怪、幽霊、鬼なども含まれる。[2] すべて霊魂の働きによる存在形態であるという点で共通している。[3]

『となりのトトロ』の十二歳のサツキと四歳のメイ姉妹が出会うトトロは、「異界」の住人である（図4）。森の主であり、この国に太古より生き、巨大なクスノキに住んでいる生き物だ。サツキとメイは雨の日のバス停で、ずぶぬれのトトロに傘を貸してあげたり、その礼に木の実をもらっ

図4　トトロと交流するサツキとメイ

たりとあたたかい交流を深める。迷子になったメイを探すためにトトロに助けを求めると、ネコバスにのせてもらい、メイを見つけることができる。

サツキとメイが異界の住人と自在に交流し、不思議な体験をするという発想が、実は、日本の伝統芸能にルーツがあったということを知るために、歌舞伎、文楽（人形浄瑠璃）から四つの例を挙げてみよう。

『本朝廿四孝』

武田信玄と長尾（上杉）謙信の争いを中心に諏訪湖にまつわる白狐の伝説をとりいれた文楽（人形浄瑠璃）作品で一七六六年（明和三）に大坂竹本座で初演された。歌舞伎でも上演される人気の演目である。

主役のお姫様八重垣姫が一心に祈ると、姫を守護する狐があらわれ、氷の張った湖の上を渡って恋人の武田勝

図5 恋人の勝頼の危急を救う八重垣姫

頼に危険を知らせることができるという物語（「奥庭狐火」）。

討手がかかった勝頼の危急を救うため、館の奥庭に祀ってある諏訪法性の兜に祈りをささげていると、神の使いの白狐が現れて八重垣姫の力になるという設定がなされている。諏訪法性の兜は実は諏訪大明神の御神体そのもので、もともと、白狐が憑依して霊力、神通力によって合戦に勝利するという言い伝えがある。それを女の恋の加護と成就に転化して芝居に仕組んだものである（図5）。

『鏡獅子』

一八九三年（明治二十六）東京歌舞伎座で、九代目市川団十郎初演の歌舞伎舞踊。踊りを踊っていると、獅子の精が乗り移って獅子が姿をあらわすというもの。

江戸城大奥、正月お鏡曳柝の日、将軍の所望で指名された御小姓（腰元の女の子）が余興として踊ることになる。金地に極彩色の牡丹の描かれた襖絵の一室に獅子頭をかざった祭壇の前で踊る御小姓の弥生。獅子頭を手に取ると、獅子の精が弥生に乗り移る。

藤色の振袖に、金地に蝶の織物の帯を八の字に結んだういういしい御小姓弥生が深々と一礼し、おぼろ月夜にホトトギスが飛ぶ情景、紅白のぼたんが咲き誇る様子など、身ぶり、手ぶり、扇を用いて、一心に踊る。踊りおさめに、祭壇にかざってある獅子頭を持って舞っていると、その獅子の精が、弥生にとりついたように、動きの自由を奪い、弥生をどこかへ連れさっていく。

飛びかう二羽の蝶とともに、ふたたび姿をあらわしたとき、一転して勇壮で力強い獅子の精に姿を変えて（図6）豪快に毛を振り回すと神々しい雰囲気のうちに幕となる。ガラッと変わる二役を、一人の踊り手が描き分ける大曲で、華麗なる変身の「美学」といえる舞踊である。

図6　獅子頭を手に踊る弥生に獅子の精が乗り移る

『土蜘』

僧侶に化けた土蜘《つちぐも》の精が、本性をあらわして武将を殺そうとする物語。一八八一年（明治十四）、東京新富座で初演された能の『土蜘蛛《つちぐも》』を典拠とする舞踊劇である。

源頼光は、病に臥せっている。夜半になって比叡山の智籌という怪しげな僧侶があらわれ、頼光の枕元で病気平癒の祈りをするが、ふと障子にうつった影から、僧侶が土蜘の精であることを見破る。

土蜘は日本を魔界に葬ろうと陰謀を企てる鬼神である。人間に化けて、王城警護の責任者である源頼光に近づき、「この日の本に天照らす、伊勢の神風吹かざらば、我ら眷属の蜘蛛群がり、六十余州へ巣を張りて、疾くに魔界へなさんもの」と、本性をあらわし、蜘の糸を繰り出す。頼光の部下平井保昌らは土蜘を退治する。

『義経千本桜』「四の切」

『義経千本桜』は一七四七年（延享四）に初演された文楽（人形浄瑠璃）作品、翌年歌舞伎化され、今日に至るまで三大名作のひとつとして人気の高い芝居である。

源頼朝に追われる身となった源義経主従が逃避行を続けるという話を中心に死んだはずの平家の三武将をからませた物語である。

通称「四《し》の切《きり》」といわれる場面で、狐が人間に化けるが正体が知れてしまうという話が展開する。

源義経が後白河院から下賜された初音の鼓《つづみ》は、大和の国に住む狐の両親の皮で作られたいわくつきの鼓。狐の子が両親恋しさから義経の家来である佐藤忠信に化けて（図7）、初音の鼓を所持している義経の恋人静御前の道中をお供として付き添う。しかし、本物の佐藤忠信があらわれ、子狐の化身であることがばれてしまう（図8）という物語。

歌舞伎では、三代目市川猿之助の澤瀉屋《おもだか》型が不思議な物語を印象的な演出でみせる。人間から狐への変わり目を「早替り」という手法でみせたり、狐の不思議な霊力を「欄間抜け」というアクロバティックな手法で表現する。

狐の正体を明かすと、早替りで白い毛縫いの衣裳をまとって狐の姿になり、声の調子を高くし、狐ことばというせりふ回しで、

図7

⇐

図8

佐藤忠信に化けた狐（図7）が本性（図8）をあらわす

狐っぽい身体所作をする。初音の鼓をもらい、喜びをかくしきれない狐が古巣に戻っていくさまを宙乗りという手法でみせる幕切れは華やかである。

神仏と人間とが自在に交流する例を四つの作品を通して紹介した。

神の使いの白狐がお姫様を助け、腰元の女の子に獅子の精が乗り移り、人間に化けた土蜘の精が武士をたぶらかし、狐が人間に化ける。人間と人間以外のものとが自在に交流する設定の物語は、歌舞伎や文楽（人形浄瑠璃）だけではなく、日本の伝説、説話、古典文芸作品にはたくさんある。

3　伝統文化の深層

（1）日常の自然な動きとは違う特殊な表現がみられるのはなぜか

アニメーションの基本動作の強調表現のルーツとして、日本の伝統文化の根本である型としての動きを指摘した。アニメーションの深層を支える歌舞伎や文楽（人形浄瑠璃）の登場人物には、なぜ、人間の日常の自然な動きとは違う特殊な表現がみられるのか。それは、芸能の誕生と深いかかわりがある。

日本の芸能は祭りからはじまった。神様に喜んでもらう行為が、やがて神様と人とが楽しむ娯楽の行為と変化したのが芸能の歴史である。

人間の日常の自然な動きから離れて、喜怒哀楽の基本だけを強調して表現したのは、歌舞伎や文楽（人形浄瑠璃）の基本動作が、祭りで降臨した神仏の身体動作から始まったことに由来する。

歌舞伎や文楽は、人間の本質を表現するために、喜怒哀楽にみられる一連の動作を「型」として固定させた。伝統芸能が「型」を持っているのも、日本の伝統芸能が、神祭りから誕生したからである。

ではなぜ、「型」にこだわるのか。「型」は祭りの手順からはじまったからである。祭りにおける進行のしかたには手順や段取りがあり、それをきちんと守ることで神祭りを無事に行うことができた。

手順を変更できないのは、神の祟りをおそれたためだ。祭りから芸能に変化しても手順どおりに行おうとする精神が「型」という方法で受け継がれたのである。

（2）　超越的存在である神仏と現世の人間の自在な交流が可能なのはなぜか

超越的存在である神仏と現世の人間の自在な交流のルーツとして、歌舞伎や文楽（人形浄瑠璃）がアニメーションの深層を支えていることを指摘したが、この神と人との交流という表現形態も日本の伝統芸能の基本精神をあらわしている。

自在な交流が可能であるのは、日本の伝統芸能が神と人との交流を大切にする多神教的精神に支えられているからである。

江戸時代は小屋といわれていた歌舞伎の劇場は、娯楽として楽しんで帰るという目的だけで興行されていたものではなかった。芝居小屋は神と人とが交流する場所でもあった。

芝居を楽しむためには、小屋の入り口の「ねずみ木戸」といわれる狭い木戸口を、身を小さくしてくぐらなくてはならなかった。わざわざ狭いところをくぐって中に入るような構造になっているのは、不正入場者を防止するためではない。くぐることによって異次元空間に入り込み、生まれ変わるためである。

母の胎内をくぐりぬけて復活再生する変身儀礼「胎内くぐり」という日本人の古い信仰が、芝居小屋の「ねずみ木戸」という仕掛けとして残されたのである。(4)

人が神と出会い、交流し、新しい生きる力をよみがえらせる役割を果たすのが芸能であった。

観客が生まれ変わるというのは、別のことばで表現すれば、芝居を観て感動するということである。そのために、役者は神様を乗り移らせて自身が神様の役割を果たす。役者が衣裳にこだわるのは、美しい衣裳が神様の寄りつく「依代《よりしろ》」となるからだ。芝居小屋は観客が神々（＝役者）と逢う場所、神（役者）と観客が交流し、一体となって新しく生まれ変わる場所なのである。

神様を迎え、その迎えた神様と人間が交流し、やがて神様を送りかえして終わるというお祭りの本質は、芸能という娯楽に発展してもしっかり受け継がれた。人と神（妖怪、幽霊、鬼を含む）を区別するのではなく、異質なものに対する寛容の精神が伝統芸能の世界にはゆきわたっているのである。

まとめ　日本アニメが注目される理由

日本のアニメーションは、

○日本の伝統文化の根本である「型」としての動き
○超越的存在である神仏と人間との自由な交流

を継承して誕生、発展した。

日本のアニメーションが世界で高い評価を得ているのは、先端的な手法をもその根底を日本の伝統文化が支えているからである。

明治時代以降、西欧の近代合理主義の影響で、日本の伝統的な文化は大きく変質してゆく。個人を重視する個性尊重が大切にされる風潮のなかで、日本のアニメーションは生み出されてきた。

にもかかわらず、日本のアニメーションの深層を支えているのが、伝統文化であるという発見は重要である。「型」重視の伝統主義と「独創」重視の個人主義の融合にこそ日本文化の本質があるからだ。

日本のアニメーションの成功は、伝統主義と個人主義の統合によるものである。世界が注目する日本のアニメ人気の現象を説明するならば、まさに融合・調和がそこにみられるからである。排除ではない融合—日本のアニメーションが世界から注目される理由もここにある。

注

（1）東京国立近代美術館フィルムセンター蔵。

（2）諏訪春雄『大地母神と役行者』勉誠出版　二〇一二年

（3）諏訪春雄『霊魂の文化誌　神・妖怪・幽霊・鬼の日中比較研究』勉誠出版　二〇一〇年

（4）劇場の近代化により、「ねずみ木戸」を備えた劇場は姿を消したが、香川県琴平町にある、一八三五年（天保六）建築の、現存最古の江戸時代の劇場「金丸座」で、「ねずみ木戸」を体験することができる。

図版

図1　京都芸術大学蔵
図2　京都芸術大学蔵
図3　京都芸術大学蔵
図4　スタジオジブリ公式WEBサイト「作品静止画」「となりのトトロ」
図5　京都芸術大学蔵
図6　京都芸術大学蔵
図7　京都芸術大学蔵
図8　京都芸術大学蔵

近世演劇と漫画

――絵入本と二つの「水や空」――

森谷裕美子

はじめに

日本の近世期における演劇資料と近代以降の漫画との関係について、これから考えてみたい。近世演劇の資料の中には、近現代の漫画にも通じるものが認められる。たとえば、歌舞伎や浄瑠璃作品における挿絵入りの資料や、歌舞伎役者を描いた絵などにおいてである。さらに近代に高い人気を誇った漫画家が、近世に刊行された役者を描いた絵本に触発されて、作品を世に送り出すこともあった。それらの資料や作品を紹介しつつ、考察を試みる。

1　絵入浄瑠璃本、絵入狂言本、絵尽しと漫画

近世演劇の資料と近現代の漫画には、繋がりがあるのだろうか。

近世演劇とは、歌舞伎や人形浄瑠璃等のことである。近世、つまり江戸時代には、歌舞伎や浄瑠璃の資料が数多く刊行されていた。その中には、挿絵入りのものや、絵を主体とした資料も多い。たとえば歌舞伎ならば、絵入狂言本や歌舞伎絵尽しなどがある。また、浄瑠璃ならば、絵入浄瑠璃本や浄瑠璃絵尽しなどの資料が存在する。

絵入浄瑠璃本は、浄瑠璃本文に挿絵を入れて出された本である。おもに寛永中期（一六三三頃―一六四四）から正徳期（一七一一―一七一六）にかけて出版された。ただ、時代が下り延宝後期（一六七七頃―一六八一）以降になると、挿絵のない浄瑠璃本が次第に主流となる。それにともない絵入浄瑠璃本は、元禄期（一六八八―一七〇四）を過ぎると、部分的に文章が省略されているものが見られるようになり、刊行点数も減少してゆく。さらに、浄瑠璃絵尽しが刊行され始めると次第に姿を消していった。

絵入狂言本は、歌舞伎作品のあらすじを挿絵入りで本に仕立てたものである。おもに元禄期

（一六八八―一七〇四）から享保期（一七一六―一七三六）にかけて刊行された。本文の中に、挿絵が挟みこまれているような体裁になっている。文章もあらすじでしかないので、絵入狂言本から歌舞伎作品を完全に復元することは、非常に難しい。絵入狂言本は、歌舞伎の内容を読みものとして読者に提供したもの、ともいわれている。(1) しかし、歌舞伎の台詞等をすべて収めた台帳は当時刊行されておらず、写本で残る台帳も現存するものは限られているので、当時の歌舞伎を知るためには、貴重な資料である。

絵尽しは、歌舞伎作品と浄瑠璃作品、両方のジャンルにおいて刊行されている。絵入狂言本や絵入浄瑠璃本より、少し時代の下がった享保期（一七一六―一七三六）頃から出版された資料である。歌舞伎絵尽しも、浄瑠璃絵尽しも、絵を主体にして各作品のあらすじをたどったものである。絵入浄瑠璃本や、絵入狂言本は、この絵尽しが登場する頃から、だんだんと刊行されなくなっていった。

近世演劇の資料には、これら以外にも、種々の絵入りの資料が存在するが、拙稿においては、まず絵入浄瑠璃本や絵入狂言本、そして絵尽しから漫画への繋がりを探ってゆきたい。

(1) コマ割りについて ―― 絵入浄瑠璃本、絵入狂言本 ――

漫画には通常コマ割りがある。たとえば四コマ漫画は、直線で囲まれた四角いコマを四つ使って一つの話が完結する。このコマ割りの概念はどこから生まれたのであろうか。

たとえば、絵入浄瑠璃本や歌舞伎の絵入狂言本には、本文と挿絵のページが別々に作られていることが多く、挿絵には、直線や曲線で仕切りが設けられているものがある。

図1に掲げるのは近松門左衛門作の浄瑠璃『曽我《そが》扇八景《おうぎはっけい》』(2)の絵入浄瑠璃本の挿絵である。正徳元年(一七一二)正月二十一日以前の初演と推定されており、大坂の竹本座で舞台にかけられた。この絵は見開き(二頁)で、雲形の二重の線により五場面に仕切られている。上巻の冒頭から中巻の初めの場面が描かれ、話の内容は、右上↓左上↓右下↓下中央↓左下の順序に進んでゆく。①から⑤に描かれている場面を見てみよう。図1の下に①から⑤が描かれている位置を示してみたので、ご覧頂きたい。

①飯原左衛門経景は工藤祐経を通じて、源頼朝に鶴を献上する。頼朝は喜び、飯原に舞鶴の紋を許す。しかし以前から舞鶴を定紋とする朝比奈は反発し、朝比奈と工藤との間で争いが起きる。

②馬に乗った朝比奈と飯原が出会い、すれ違いざまに朝比奈の馬が飯原の馬を蹴り上げ、飯

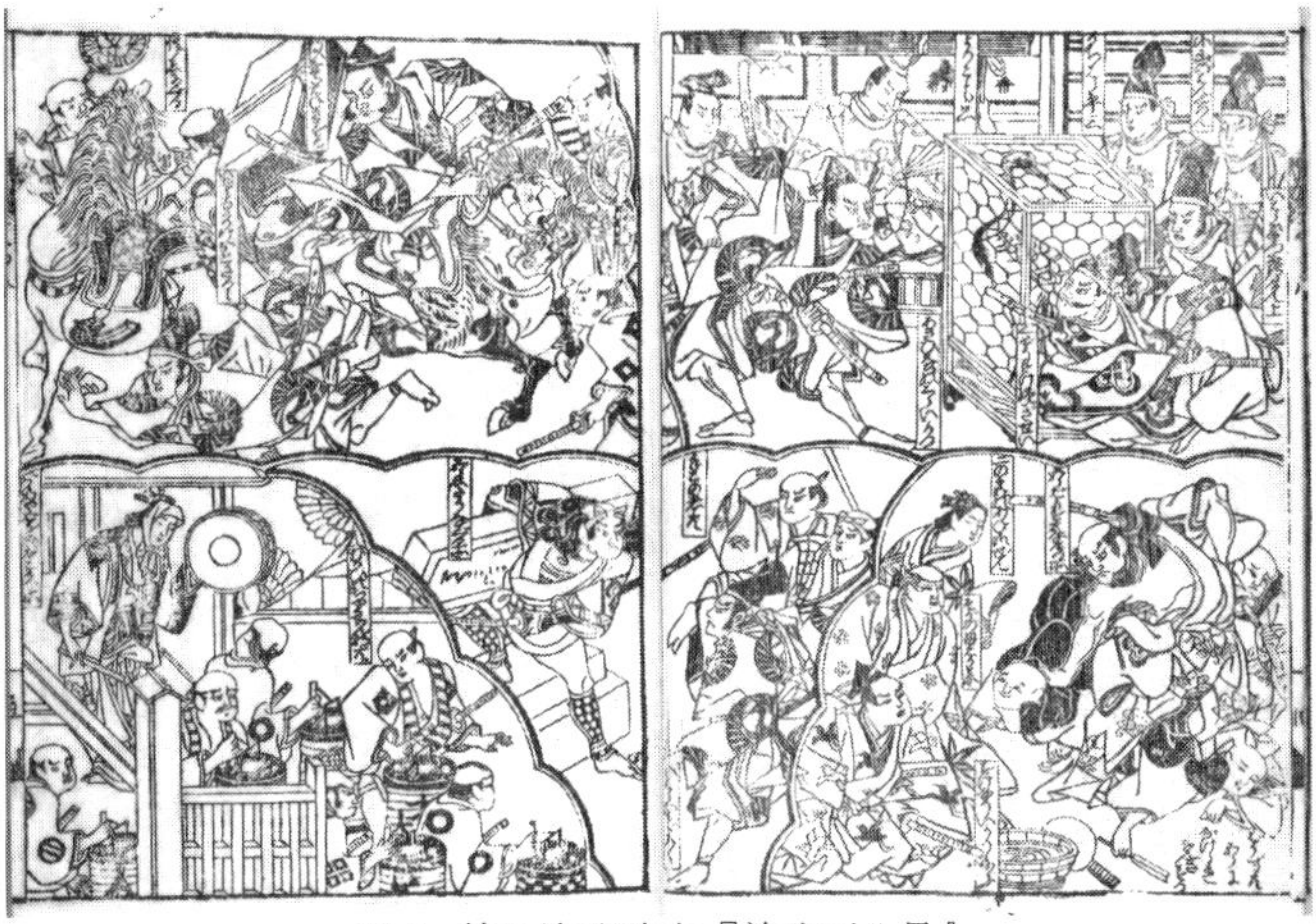

図１　絵入浄瑠璃本『曽我扇八景』
早稲田大学演劇博物館蔵（ニ10 - 472）

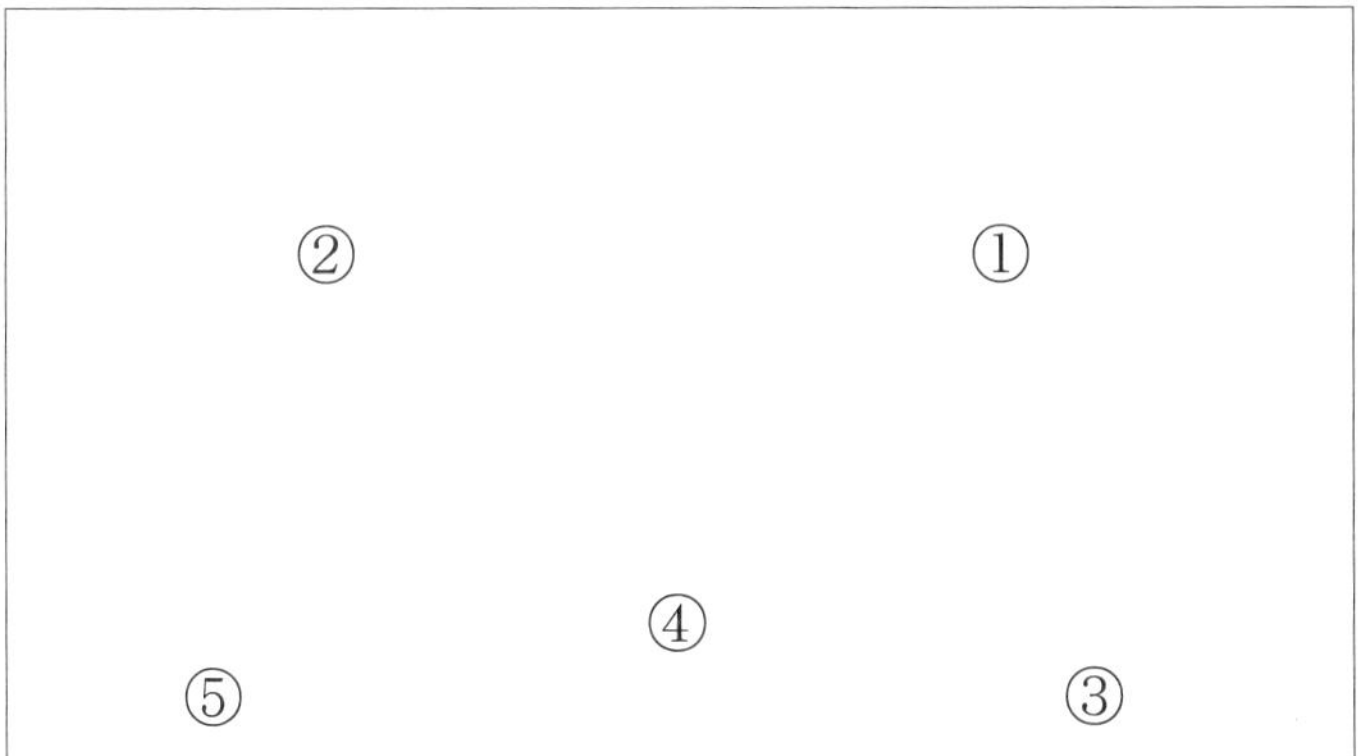

図１の話の順序を①～⑤で示す

原は落馬する。
③父の墓前で曽我五郎は、母、兄の十郎、姉の二の宮と会う。母の説得により、いったんは出家を承諾した五郎であったが、剃髪しかけた所で気が変わり、寺の別当を相手に暴れる。
④飯原左衛門らがやってきて、五郎と争いになる。五郎は墓石を投げつける。
⑤大磯の廓。五郎と昵懇である遊女の少将は、番屋で働いている百介のもとに来る。少将は百介が実は五郎の郎等、団三郎であることを見抜いている。少将は工藤を酔わせたので、団三郎に五郎を連れてくるように頼み、団三郎の代わりに少将が頬かぶりをして番屋の太鼓を打つ。

図2は、絵入狂言本『けいせい富士見る里』の挿絵である。元禄十四年（一七〇一）春に京都で上演された近松門左衛門作とされる歌舞伎で、御家騒動を仕組んだ作品である。小野篁の八百五十年忌を当て込んで上演された。挿絵に描かれている場面を見てみよう。挿絵が示す話の順序を、①から④で示す。

①とく姫には、喜六という許嫁がいる。しかし喜六の家老・梅のや十郎兵衛は喜六から去り

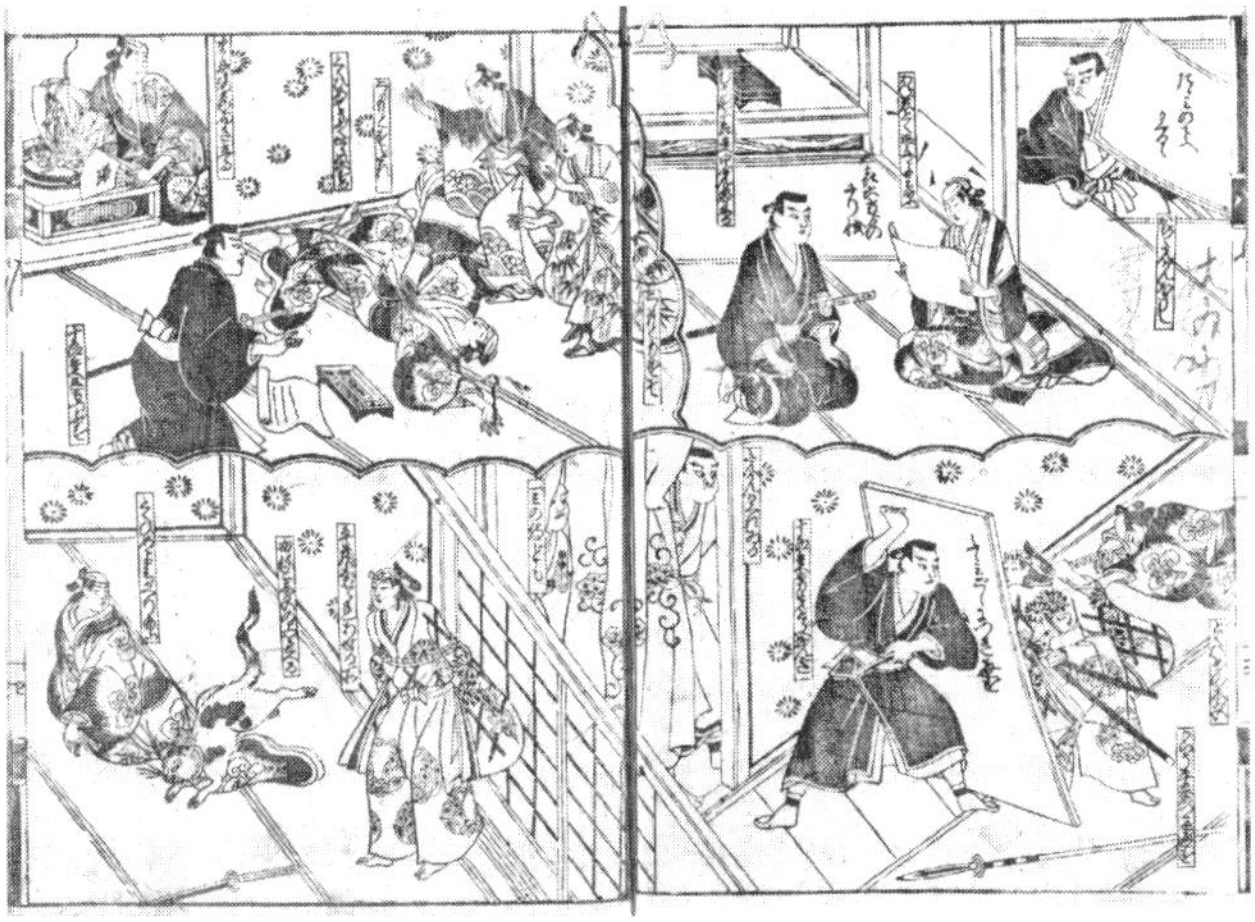

図２　絵入狂言本『けいせい富士見る里』
国立国会図書館デジタルコレクション

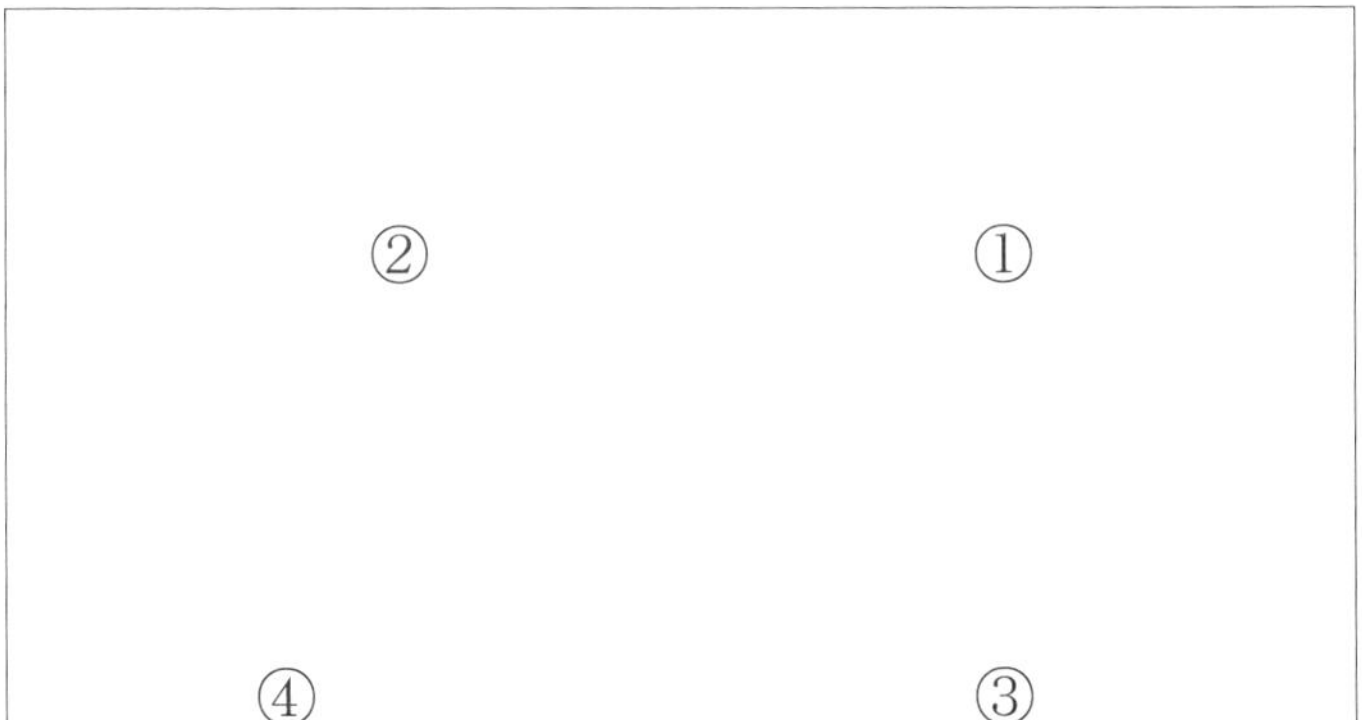

図２の話の順序を①〜④で示す

状を預かっており、とく姫の元に持参する。とく姫はそれを読む。悪だくみをする伯父の丹がん法師は、畳の下に隠れている。

②継母はとく姫を調伏し、とく姫の絵像を燃やす。その結果、とく姫は死ぬ。

③とく姫が死んだのは喜六のせいであると勘違いした家の家老・百千鳥平蔵は、畳越しに十郎兵衛を突き刺そうとする。

④とく姫の亡き実母は猫に生まれ変わっており、とく姫をよみがえらせる。

こちらも絵入浄瑠璃本と同じく、右上↓左上↓右下↓左下という順番で話が進んでいる。図2の下に①～④が描かれている位置を示してみたので、ご参照頂きたい。

今、見てきた絵も、大きくとらえるならば、コマ割りと共通するといえるかもしれない。図1・2にあげた近松の絵入浄瑠璃本や絵入狂言本では、挿絵に雲形の二重線で場面が区切られていた。

しかし、近松以前のもっと古い絵入浄瑠璃本には、直線により区切りをつける絵も見られる。時期をさかのぼって、古浄瑠璃の挿絵入りの本について見てみよう。なお竹本義太夫が義太夫節を創始する以前に、語られていた浄瑠璃のことを古浄瑠璃と称する。竹本義太夫が竹本座を旗揚げしたのは、貞享元年（一六八四）である。翌年、義太夫は、近松門左衛門作の『出世景清』を上演した。後年の資料では、この『出世景清』を新浄瑠璃と評している。義太夫の浄瑠璃は、当時の人々には、新しい浄瑠璃と認識されていたのであろう。

図3・4にあげるのは古浄瑠璃の『とうだいき』である。『とうだいき』には版本が残されているが、寛永十年（一六三三）の刊記を持つ図3の本は、古浄瑠璃本としては最も早い時期に刊行されたことがわかる。この『とうだいき』では、見開き二丁（四頁分）にわたり、本文の下に挿絵が描かれている。(3)

『とうだいき』の全体の構成は六段からなるが、ここでとりあげる挿絵は四段目にあたり、主人公・れんほが父親・れんしを探す旅に出る場面である。父親のれんしは西上国の帝に命じられ南海国に攻め入るが、生け捕られて顔の皮を剝がされ、額に燈台を打たれていた。れんしが出陣した折、まだ母親の胎内にいたれんほは、成長したのち父親を恋い慕い、会いたいと願う。十五歳の折、ようやく母の承諾を得て、父親を探すために南海国へと赴く。

主人公・れんほは、「こかねほそん（筆者注：黄金の本尊か）」を肌の守りにして出発する。母親は、この仏が必ずやれんほのことを守るであろうから、「なむあみだぶつ」と唱えるように、

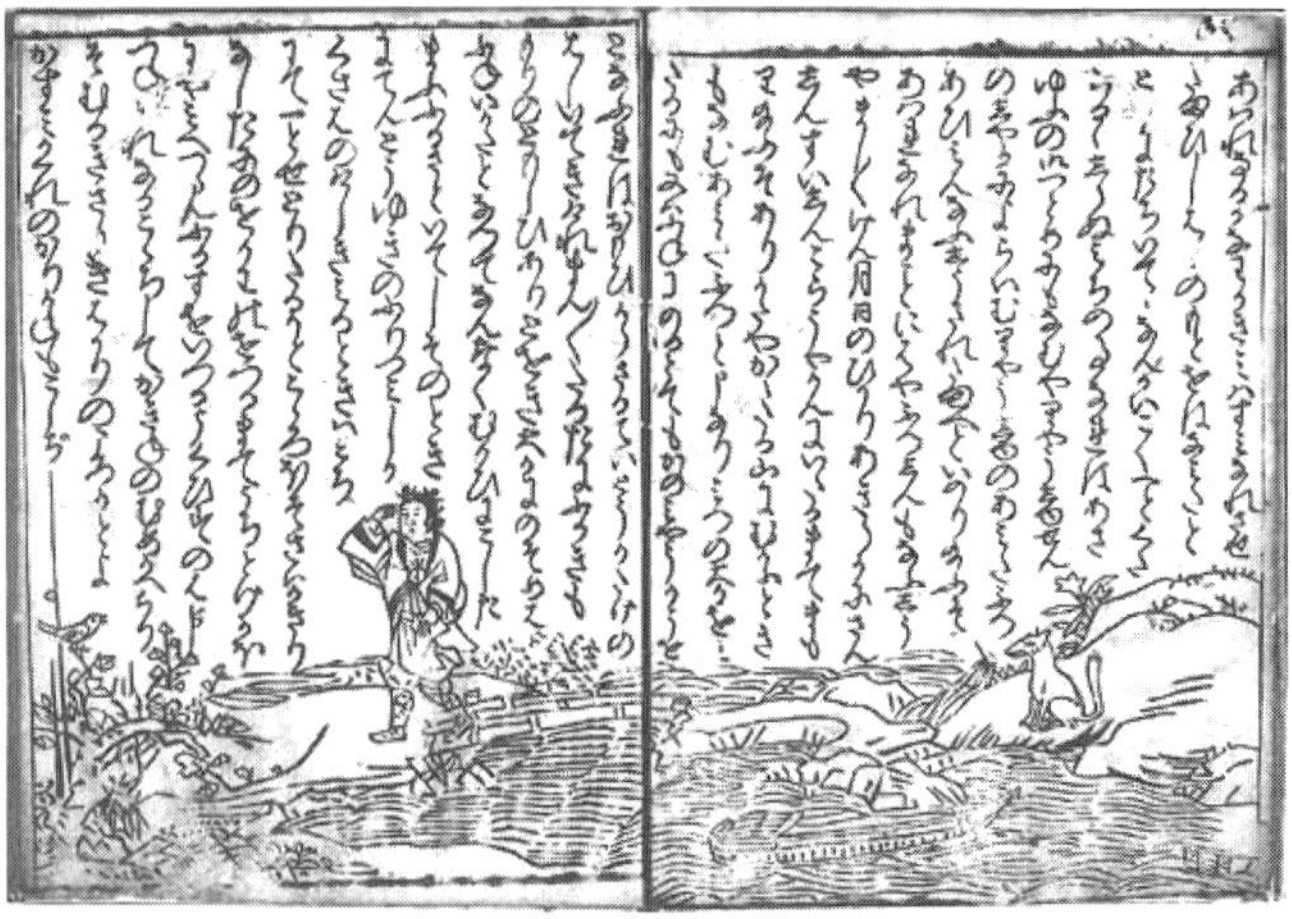

図３ 寛永十年刊　絵入浄瑠璃本『とうだいき』
大阪大学附属図書館　赤木文庫蔵

と説く。れんほは旅立ち、旅の途中では仏神も虎狼野干もれんほのことを守った。れんほは山に向かう時も、大河を渡る時も、舟に乗る時も「なむあみだぶつ」の名号を唱えつつ行く。すると仏の守護によるものか深い谷にも灯火があり、大河にのぞめば、舟や筏があって向こう岸に越すことができた。れんほが疲れ果てて、倒れた時には、「あみだほとけ」が僧に姿を変えて、れんほを救った。

ようやく南海国に至ったれんほは、父親のれんしに巡り会う。しかし父は燈台鬼と化していた。れんほは南海国の帝に父の救済を訴え、帝はれんほの願いを受け入れて、れんしを許し、親子は西上国へ帰ることができた。

道行の文中には「うぐいす」「岸の山吹」「岩つつじ」「深山がくれの遅桜」など、一年を通じた景色や草花を表す言葉が綴られている。図3の『とうだいき』の文章と挿絵には、それらが描かれている。

寛永十年（一六三三）の十七年後、

図4　慶安三年刊　絵入浄瑠璃本『とうだいき』　天理大学附属天理図書館蔵『天理図書館善本叢書　古浄瑠璃集』八木書店より転載

慶安三年（一六五〇）に刊行された図4『とうだいき』では、この道行場面の挿絵を一頁に収め、一頁を直線で九つに区切っている。

図4には、図3と非常によく似た絵が、コマ割りで描かれている。

信多純一氏[4]によると

この絵（筆者注：図4）については、本来絵巻の連続図であったものをコマ絵に図案化することで解決したことを示す証拠がある。すなわち、この作品の寛永十年（一六三三）版上下二冊、中本の丹緑本（筆者注：図3）が残り、そこでは『たかだち』と同様見開き下方三分の一の高さで横に挿絵を入れ、その上に本文を埋める形式をとっている。その絵巻的挿絵の四ページ分の図柄をほとんどそのまま採って、この九コマの片面図に仕立てたものである。

ということである。この『とうだいき』の二種類の版本は、はからずも、絵巻から版本の絵へと移り変わる様相を、版本上で表現しているといえるだろう。慶安三年（一六五〇）本が、寛永十年（一六三三）本『とうだいき』とほぼ同じ図柄を使っていることも注目される。両本の挿絵は、中央のれんほを含め狐やうぐいす、梅や草花など、ほとんど同じといっても良いほどよく似ている。

信多氏は、また

一体、こういう発想はどこから生じたものであろう。これまで『扇の草子』や扇面図屛風のごとき、装飾的な数図の配置という発想はあった。したがって大島本『浄瑠璃』のごとく四図がやや離れて配置されている場合、そういう伝統からでも説明がつくが、『とうだいき』の界線だけによる一面九分割の連続コマ絵の場合とは大分に相違があると言わざるを得ない。これは恐らく中国刊本などの影響によるものであろう。寛永十二年刊『演禽《えんきん》三世相《さんぜそう》』は中国刊本を移したものであり、そこにこうした形のコマ絵の方式を見ることが出来るからである。ともあれ、種々の工夫をこらして、見る者をして十分楽しませる挿絵に、当時の絵師達は挑戦していた。

と述べておられる。信多氏が指摘されている日本で刊行された『演禽三世相』の所在は、今のところ突き止められずにいるが(5)、類似するのではないかと考えられる中国の版本がある。

それは外題に『三《さん》世《ぜ》演禽《えんきん》法《ほう》起《き》』とある本（図5）[6]で、内題と思しきところには「新編三世演禽法起二十八宿訣」とある。明時代、嘉靖十五年（一五三六）の刊行で、日本の元号では天文五年にあたる。信多氏は『演禽三世相』の刊年を寛永十二年（一六三五）と記しておられるので、むろん同一のものではないが、『三世演禽法起』においても、コマ割りと思われる挿絵が多々見られる。

『三世演禽法起』の内容に、いま深く立ち入ることはできないが、この本の挿絵は、『とうだいき』のように、物語の内容を描いたものではない。ただ、読者の理解を手助けする役割は担っていたはずである。本としての性格は異なるものかもしれないが、このような挿絵にも、

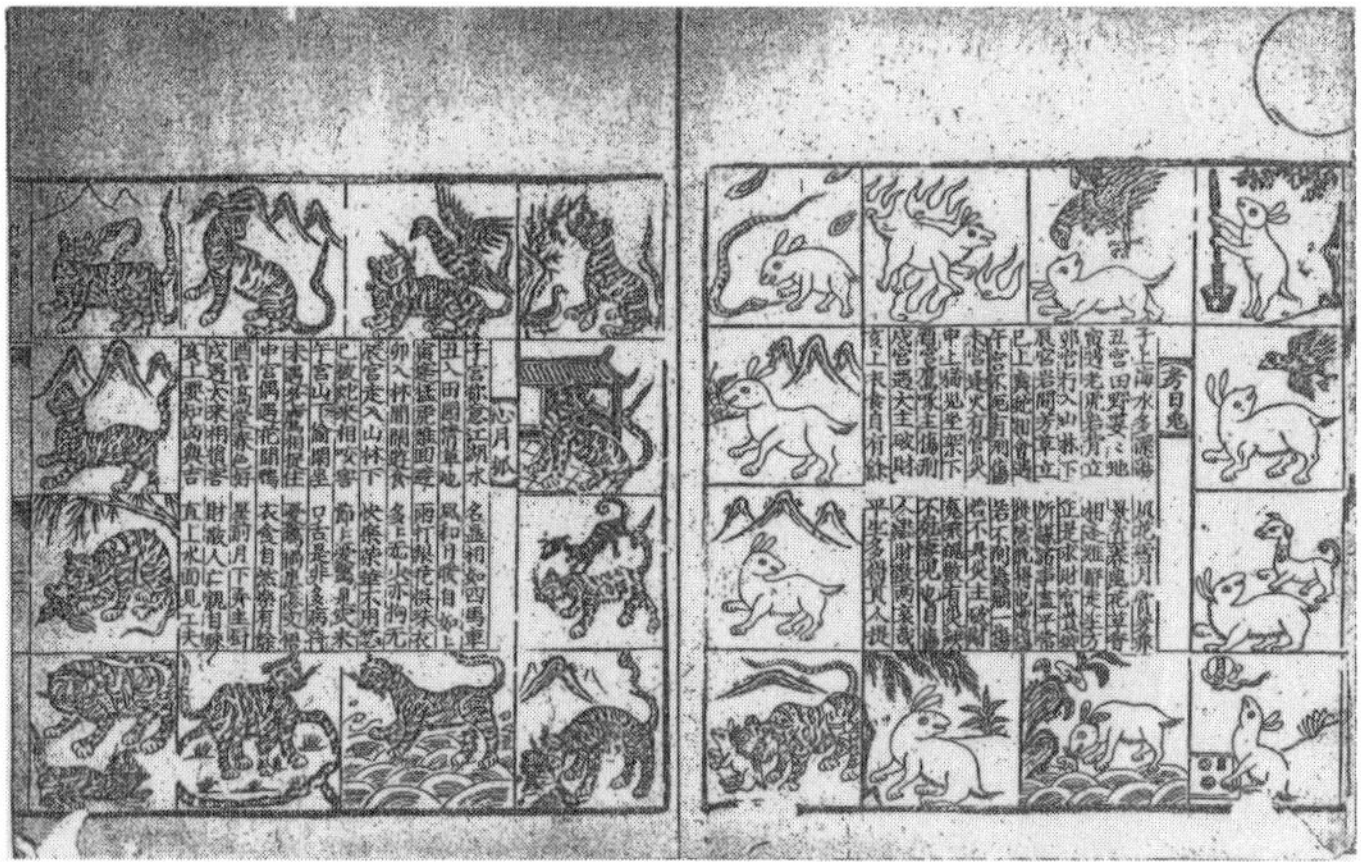

図5『三世演禽法起』 静岡市立芹沢銈介美術館蔵

漫画のコマ割りの土壌のようなものが見いだせるように思う。信多氏のご指摘のように、日本の絵入本の挿絵に見られるコマ割りには、中国刊本の影響があるのであろう。

(2)　コマ割りと歌舞伎、浄瑠璃絵尽し

絵入浄瑠璃本、絵入狂言本について少し見てきたが、次に絵尽しについて触れておきたい。絵尽しは、絵入浄瑠璃本、絵入狂言本より、少し時代の下がった享保期（一七一六―一七三六）頃から盛んに刊行されるようになり、幕末、明治初期まで板行が続いた。絵尽しには絵入浄瑠璃本や絵入狂言本のように、本文のみの頁は見当たらず、絵を中心にして、浄瑠璃や歌舞伎作品のあらすじを表現している。絵尽しだけから、歌舞伎や浄瑠璃作品のあらすじを、正確に読み取ることは少し難しいかもしれないが、実際に観劇した人ならば、芝居を思い出しながら、おおいに楽しむことができるだろう。絵の中には、その場面の状況などを説明する文章や、歌舞伎の絵尽しならば、役者名や「大でき」といったほめ言葉などが書き入れられている。江戸で刊行された絵尽しよりも京都や大坂の、つまり上方で刊行された絵尽しの方がコマ割りがよく見られる。

寛政九年（一七九七）五月に京都で上演された歌舞伎『扇《おうぎ》矢《や》数《かず》四《し》十七本《じゅうしちほん》』の絵尽しを見て

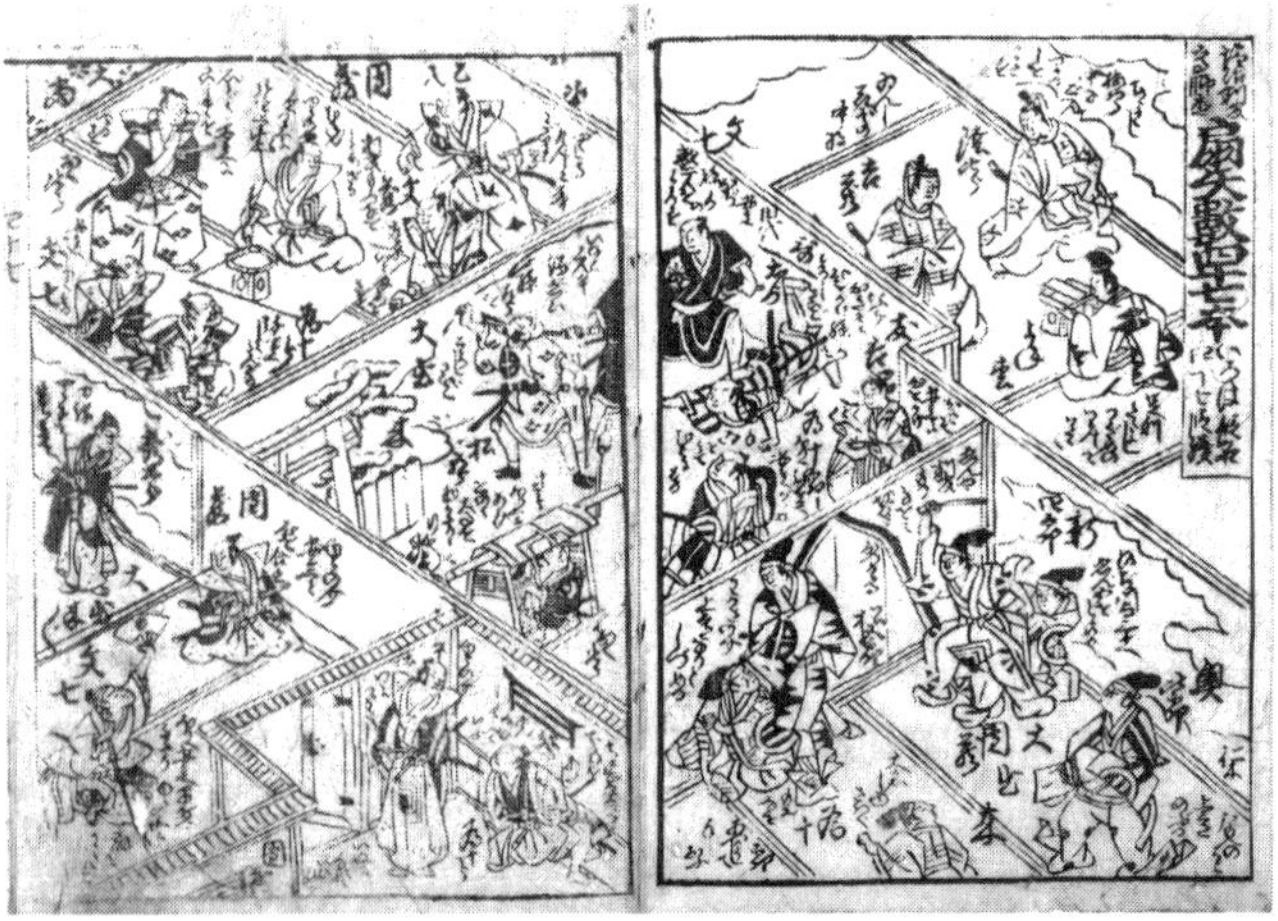

図６　歌舞伎絵尽し『扇矢数四十七本』
大阪公立大学中百舌鳥図書館　椿亭文庫蔵

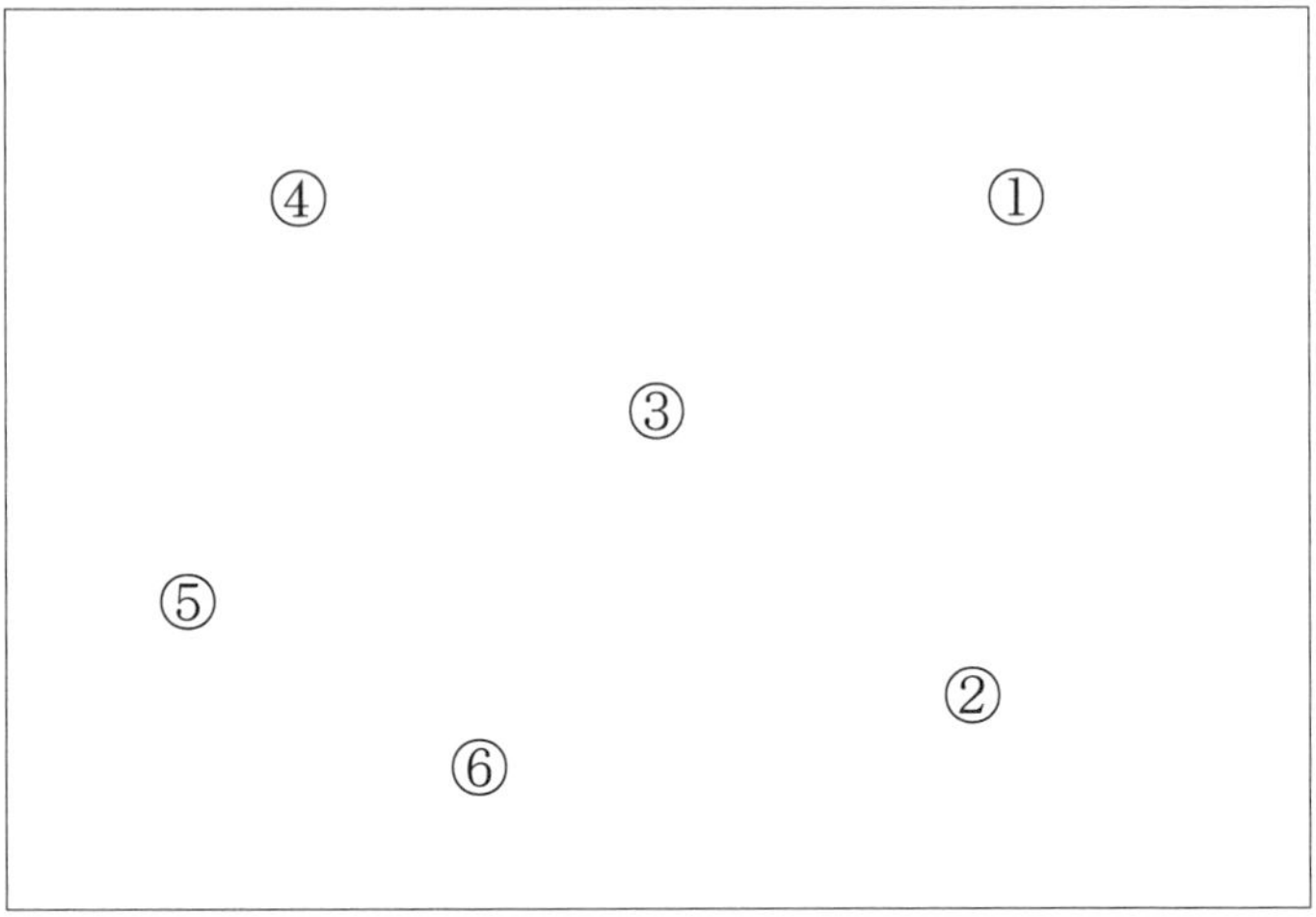

図６の話の順序を①～⑥で示す

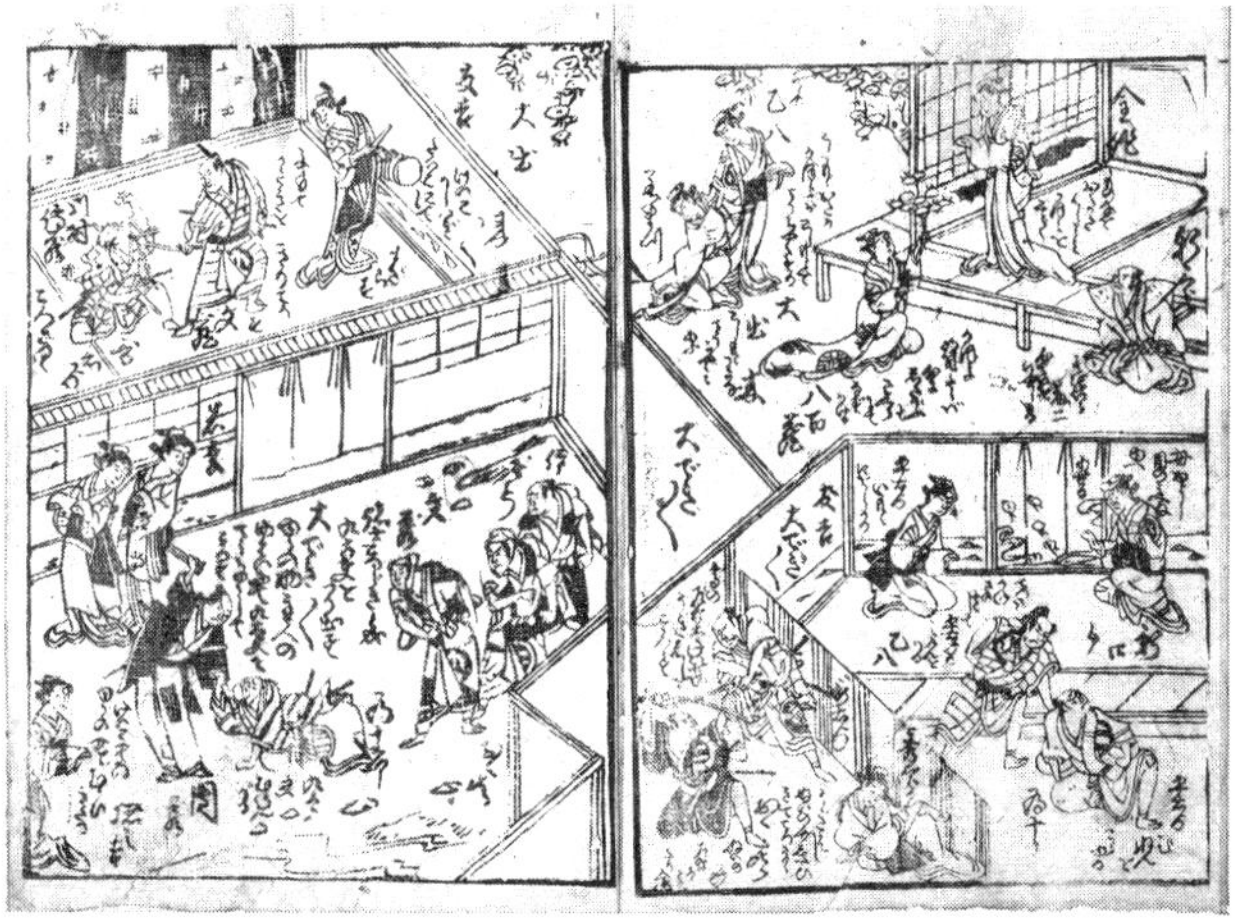

図７　歌舞伎絵尽し『扇矢数四十七本』
大阪公立大学中百舌鳥図書館　椿亭文庫蔵

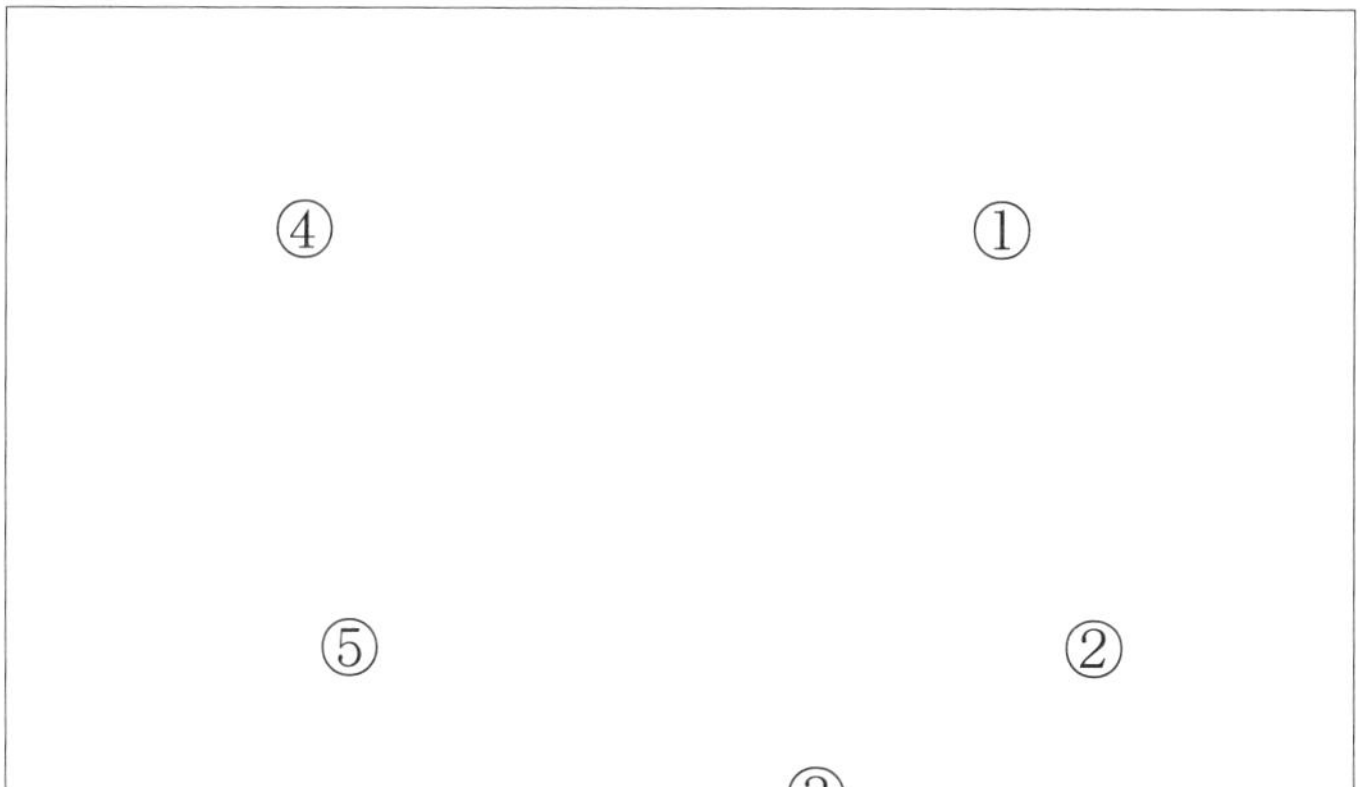

図７の話の順序を①～⑤で示す

みよう(7)（図6・7）。題名の「四十七本」からも推測がつくように、この作品は赤穂浪士、いわゆる四十七士の敵討ち、つまり忠臣蔵の事件を脚色したものである。図6は、見開き二頁で、六場面を描いている。場面の仕切りには、絵入浄瑠璃本や絵入狂言本とは少し趣が異なり、建物の壁や部屋の障子などを用いている。話の筋の順番は、右上→右下→中央→左上→左下→左下中央となっている。絵入浄瑠璃本や絵入狂言本では、右上から左上へと続いてゆくことが多かったが、絵尽しでは、およそ右上から左下へ向かって話の筋が続いてゆく。図6の下に話が進行する順序を①〜⑥で示しているので、ご覧頂きたい。

続く図7は、図6に続く場面である。やはり見開き二頁を使い描いている。話の筋を追うと、右上→右中→右下→左上→左下へと続いてゆく。右から左へと物語が進むのは、絵巻も同様であるが、版本、特に絵尽しになると、右上から、左上へすぐには続かず、現代の漫画に近い流れとなるのではないだろうか。図7の下にも、話の進行順序を①〜⑤で示しているので、ご確認頂きたい。

私たちが漫画を読む時は、コマ割りの絵を見て文字を読み、漫画の内容を理解してその世界を楽しむ。コマを追って、話の内容を理解し把握するという流れは、近世演劇の資料である絵入浄瑠璃本、絵入狂言本や絵尽しに、すでに共通して見られるものではないだろうか。もちろん、漫画が絵入本や絵尽しから直接影響を受けているとはいえないが、近世の演劇資料には、漫画と類似するコマ割りの絵が見られる。また絵尽しでは、絵と文字を、おおよそ右上から右下、左上を経由して左下の方に向かって目で追いながら、話の筋や内容を理解してゆく。つまり、漫画とよく似た視線の流れ方、読みかたがされているのではないだろうか。

全く同一とはいい切れないが、絵入浄瑠璃本や絵尽しに、漫画と共通する読み方、その萌芽が認められるのではないかということを、ここで指摘しておきたいと思う。

2　耳鳥斎《にちょうさい》『絵本水や空《えほんみずやそら》』について

続いて見てゆく『絵本水や空』(8)は、安永九年（一七八〇）十一月に刊行されたといわれる歌舞伎役者を描いた絵本で、上中下巻の三冊から成る。上方役者絵の先駆的作品で、上巻は大坂、中巻は京都、下巻は江戸の役者を描いている。今まで見てきた上方の絵入狂言本や、歌舞伎絵尽しには、役者が扮した登場人物が描かれていたが、演じている役者の似顔絵が描かれている訳ではない。しかし、『絵本水や空』には、役者の姿絵がユーモアをもって戯画的に描かれている。その筆致は、独特であり、大胆でもあり、笑いも誘う。一頁にほぼ一人ずつ役者を描いているが、見開き（二頁）の二人が一対になるように配置されている。松平進氏はこの『絵本水や空』について、「極度の略筆粗描で役者の特色をよくとらえ、その雅味ある滑稽感の底に、画者の冷徹な人間観察がうかがわれる」と記されている。また「狂画・戯画などと呼ばれるその画風は近代の漫画に通ずる大胆な新鮮味と鋭さをもつ」と述べておられる。日本の近世期にも、すでに近代の漫画に通じる絵が描かれていた。[9]

『絵本水や空』の作者は耳鳥斎である。耳鳥斎は、大坂生まれで家系は未詳。大坂の京町堀四丁目に住んでいた。はじめは酒造業、後には骨董商を営んでいたという。安永末年（一七八一）から享和年間（一八〇一―一八〇四）まで、絵本や挿絵を描いた作品が残されている。没年ならびに享年は不明であるが、享和三年（一八〇三）頃に没したと考えられている。[10]

以降「近代の漫画に通ずる」とも評される『絵本水や空』について見てゆきたい。

（1）『絵本水や空』の刊年

まず、刊年から確認してゆく。

『絵本水や空』の刊記には、「安永九年庚子霜月吉日　平安書舗　八文字屋八左衛門梓」とある。従って、これまで安永九年（一七八〇）十一月に刊行されたと考えられてきた。

しかし「安永十年正月」の刊記を持つ八文字屋刊の役者評判記『役者三ヶの角文字《やくしゃさんがのつのもじ》』京之巻の目録の後に、『絵本水や空』の広告が載り、そこには次のように書かれている。(11)

●又々一寸申上まする

浪花　耳鳥斎画

平安　銅脈先生賛

絵本水《えほんみづ》や空《そら》　全部三冊

右は三ヶ津の役者の身ぶり顔かたちをおかしくうつしおもしろく仕立申候て当春より本さし出候間　御求御覧可被下奉頼上候已上

安永十年（一七八一）正月に刊行された『役者三ヶの角文字』に「当春より本さし出候」とあるならば、『絵本水や空』は、この時まだ刊行されていないことになる。つまり「安永九年霜月」の時点では、『絵本水や空』は刊行されておらず、実際の刊行は『役者三ヶの角文字』より後であろう。当初は安永九年霜月を予定していたのかもしれないが、安永十年（一七八一）の春以降まで延びた可能性が高い。『役者三ヶの角文字』は、『絵本水や空』と同じ書肆の八文字屋から出されているので、信頼のできる記述と思われる。

安永十年（一七八一）は四月二日に改元され天明元年となる。その翌年、天明二年（一七八二）正月、八文字屋刊『役者白虎通《やくしゃびゃっこつう》』京之巻の目録の後には、

●又〳〵一寸申上まする
浪花　耳鳥斎画
平安　銅脈先生賛
絵本水や空　全部三冊
右は三ヶ津の役者の身ぶり顔かたちをおかしくうつしおもしろく仕立申候て本差出し置申候

と記されているので、『絵本水や空』は、遅くとも天明二年（一七八二）正月までには、刊行されたのであろう。

更に同年正月、『役者白虎通』よりも少し後に刊行をみた(12)『画話耳鳥斎《がわにちょうさい》』にも、『絵本水や空』の広告が載り「先達てより差出し置申候」とある。従って『絵本水や空』は、安永十年

（一七八一）もしくは同年の四月二日以降ならば、天明元年（一七八一）から天明二年正月までに刊行されたと考えられる。

（2）題名の「水や空」とは

『絵本水や空』の「水や空」とは、どのような意味なのだろうか。『絵本水や空』の跋文には「是把《これつかま》ヘ所無キ也」とあり、既存の様式のいずれとも異なる規定しがたい独特の画風の意、であるという。跋文を書いているのは、銅脈先生である。銅脈先生とは、学者・畠中観斎《はたなかかんさい》のことである。風刺に長け、狂詩を作った。江戸の大田南畝と並んで、狂詩の双璧とされた人である。松平進氏は『上方浮世絵の再発見』(13)で、『絵本水や空』を取りあげ、

銅脈先生は本書跋文で（中略）「水や空とは何ゾ」という問いに対しては、次のように答えているのである。

是把《これつかま》ヘ所無キ也。把《つかま》ヘ所無キトハ何ゾ。是狩野ヲ移サズ、土佐ヲ模セズ、鳥羽僧正ヲ学バズ、栂尾《とがのお》ノ上人ヲ習ハズ、唯々《ただただ》是一流ノ無本地也。

（とらえどころが無いという意である。狩野派や土佐派など既成の流派に一切学ばず、基礎なし

のただ一つの流れである）

と記しておられる。銅脈先生こと畠中観斎は、「銅脈先生賛」とある通り、恐らく耳鳥斎の個性豊かな絵を肯定的にとらえて「既成の流派に一切学ばず、基礎なしのただ一つの流れである」と述べたのであろう。跋文は、『絵本水や空』独自の価値を高め、礼賛する意味もあった。

また、肥田晧三氏「耳鳥斎の版本作品について[14]」には、次のようにある。

「水や空」の書名は古歌の「水や空空や水とも見えわかずかよいてすめる秋の夜の月」によって名付けられており、水面とも空とも見わけがつかぬ、捉え所のないことを意味する。この書の跋文を銅脈先生が書き、「狩野派でもなく、土佐派でもなく、鳥羽僧正の流れでもない、捉え所のない流儀の画、それで書名を水や空と云う」と云っている。その意味とは別に、ここに画かれた役者の風貌がまことの姿か、かりの姿か見わけがつかぬという諷意も書名に寓していよう。

つまり、「水や空」は、古歌をもとにした言葉であり、描かれた役者の風貌が、まことか、かりの姿か見わけがつかないという意味も含まれている、ということである。

「水や空　空や水とも　見えわかず　かよいてすめる　秋の夜の月」という歌は、『続詞花《しょくしか》和歌集《わかしゅう》』や『新後拾遺和歌集』に載る歌で、『古今著聞集《ここんちょもんじゅう》』や謡曲『八島』他の文学作品にも見ることができる。謡曲『八島』[15]では、地謡中に「水や空　空行くもまた雲の波の　うち合ひ　刺し違《ちご》ふる　舟戦《ふないくさ》の駆《か》け引き」というように「水や空」の語が引かれている。

(3)『絵本水や空』と『翠釜亭戯画譜《すいふていぎがふ》』『旦生言語備《やくしゃものいわい》』

『絵本水や空』は三冊から成り、上巻は大坂、中巻は京都、下巻は江戸の役者の似顔絵が載る。左に、各巻に描かれている役者を書き出してみる。

役者名の下に記した数字は、初代、二代などの役者の代数を示す。たとえば初代中山来助は中山来助01、二代目山村儀右衛門は山村儀右衛門02というように記した。また、俳名が『絵本水や空』に記されている役者は、役者名と代数の下に括弧で記した。さらに、その下に記してあるのは、『絵本水や空』と、今回比較する役者絵の載る書名の略称である。その他、備考は＊の下に記した。『絵本水や空』に描かれている役者は、ほぼ同時代の役者似顔絵本や、耳鳥斎の他作品、また浮世絵の役者絵にも取りあげられていることが多い。

書名の略称については、次の通りである。
・舞台扇……『絵本舞台扇《えほんぶたいおうぎ》』一筆斎文調、勝川春章画　明和七年（一七七〇）刊
・翠………『翠釜亭戯画譜』翠釜亭画　天明二年（一七八二）刊
・旦生……『旦生言語備』流光斎如圭画　天明四年（一七八四）刊
・嵐小六…『あらし小六過去物語《ころくかこものがたり》』耳鳥斎画　寛政九年（一七九七）刊
・似顔……『古今俳優似顔大全《ここんやくしゃにがおだいぜん》』（16）三代目歌川豊国画　文久二、三年（一八六二、一八六三）刊

上巻—大坂
①　中川正五郎
②　中山来助01（舎柳）　翠／旦生
③　中山文七01（由男）　翠／旦生／似顔
④　山村儀右衛門02（五登）　翠／旦生
⑤　嵐新平02（朱連）　旦生
⑥　藤川八蔵02（八甫）　翠／旦生
⑦　中村歌右衛門01（歌七）　舞台扇／旦生／似顔

⑧ 坂東岩五郎（岩子）　旦生／嵐小六
⑨ 三桝傳蔵
⑩ 中村富十郎01（慶子）　舞台扇／翠／旦生／似顔
⑪ 芳澤伊呂波01（香蒲）　翠
⑫ 中村次郎三02（丸子）　翠／旦生
⑬ 小川吉太郎01（英子）
⑭ 三保木儀左衛門02（素桐）　翠／旦生

中巻―京都

❶ 尾上宗九郎（多祐）
❷ 澤村國太郎01（其答）　翠／旦生
❸ 嵐三五郎02（雷子）　翠／旦生／似顔
❹ 三桝大五郎01（一光）　翠／旦生／似顔
❺ 姉川湊02（一幸）　翠／旦生
❻ 柴崎林左衛門02（四岳）　翠／旦生
❼ 桐山紋治01（鼠顔）　＊❼は一頁中に桐山紋治01と嵐三右衛門06の二人を描いている。

❼ 嵐三右衛門06（巴江）　翠／旦生
❽ 尾上新七01（芙雀）　翠／旦生／似顔
❾ 嵐吉三郎01（里環）　旦生／似顔
❿ 山科甚吉（棣不）　翠／旦生
⓫ 浅尾為十郎01（奥山）　翠／旦生／似顔
⓬ 嵐雛助01（眠獅）　翠／旦生／嵐小六／似顔
⓭ 中村十蔵02（虎宥）　翠／旦生
⓮ 嵐文五郎01（一先）　翠／旦生

下巻――江戸

① 市川團十郎05（三桝）　似顔
② 坂東三津五郎01（是業）　舞台扇／似顔
③ 市川門之助02（新車）　似顔
④ 中村仲蔵01（秀鶴）　舞台扇／似顔
⑤ 市川團蔵04（市紅）　似顔
⑥ 尾上菊五郎01（梅幸）　舞台扇／翠／旦生／似顔

⑦　市村羽左衛門09（家橘）　舞台扇／似顔
⑧　大谷友右衛門01（此友）　似顔
⑨　瀬川菊之丞03（路考）　似顔
⑩　中嶋三甫右衛門02（天幸）　舞台扇／似顔
⑪　尾上松助01（三朝）　舞台扇／似顔
⑫　大谷廣次03（十町）　舞台扇／似顔
⑬　澤村宗十郎03（訥子）　似顔
⑭　山下金作02（里虹）　翠／旦生／似顔

右にあげた似顔絵の中から、いくつかの絵を取りあげて他と比較してみる。

上巻と中巻は、京都と大坂、つまり上方の役者を扱っているので、上方で板行された『翠釜亭戯画譜』や『旦生言語備』と共通する役者が多い。『翠釜亭戯画譜』と『旦生言語備』は、『絵本水や空』と刊行時期も近い。ただ『翠釜亭戯画譜』の序文には、「水也空者冷然雖善軽薄亦甚」（水や空は軽妙で良いが、軽薄さも甚だしい）とあり、『絵本水や空』に対してやや冷ややかな見かたをしている。松平進氏[17]は『絵本水や空』の「否定的媒介で翠釜亭の役者絵が生まれ、流光斎如圭へと発展」したとされている。流光斎如圭は『旦生言語備』を描いた画師であるので、『絵本水や空』と『翠釜亭戯画譜』、そして『旦生言語備』を比較してみたい。また『あらし小六過去物語』は、耳鳥斎が嵐雛助01の一周忌の追善に上梓した本で、死後の雛助01や坂東岩五郎が登場する。

下巻の江戸の役者に関しては、『役者舞台扇』に見られる人物が多くなっている。『役者舞台扇』は、『絵本水や空』より十年ほど以前に江戸で刊行されており、「役者の写実的似顔絵を彩色刷りで大規模に集成した最初の画集」(18)といわれている。

なお、後年の資料であるが、役者似顔絵の集大成といえる『古今俳優似顔大全』も参考として表に入れた。

上巻

⑦中村歌右衛門01

『絵本水や空』の歌右衛門01（図8）と他本（図9・10・11）とを比較すると、目尻の特徴が共通し、表情をよく捉えているであろうことがわかる。頬骨の出ているところも共通する。ただ、『絵本水や空』のみ眉毛と鼻が描かれていないので、デフォルメによって少し滑稽に、笑っている表情のようにも見える。

図８『絵本水や空』　国立国会図書館デジタルコレクション

図９『絵本舞台扇』　国立国会図書館デジタルコレクション

図10『絵本舞台扇』　国立国会図書館デジタルコレクション

図11『旦生言語備』国立国会図書館蔵

⑧坂東岩五郎

図12『絵本水や空』 国立国会図書館デジタルコレクション

『絵本水や空』の岩五郎（図12）は滑稽味が強い。刊年が遅く、画師の耳鳥斎が晩年であった為かもしれないが、同じ耳鳥斎画でさらに後の刊行である『あらし小六過去物語』の岩五郎（図14）ともまた、少々顔つきが異なるのも面白い。『絵本水や空』の口の周りに入れられた複数の皺やポーズは、不可思議な趣をかもし出している。

図13『旦生言語備』
国立国会図書館蔵

図14『あらし小六過去物語』
国立国会図書館蔵
右側に座っているのが岩五郎

⑫中村次郎三02

図15『絵本水や空』　国立国会図書館デジタルコレクション

『絵本水や空』の次郎三02（図15）は、『翠釜亭戯画譜』（図16）とも『旦生言語備』（図17）とも似ていない。眉と鼻が描かれていないせいもあるが、非常にユーモラスで可愛らしさが強調されており、まさに現代の漫画のキャラクターのように見える。

中巻

図16『翠釜亭戯画譜』　稀書複製会　国立国会図書館デジタルコレクション

図17『旦生言語備』国立国会図書館蔵

❹三桝大五郎01

図18『絵本水や空』 国立国会図書館デジタルコレクション

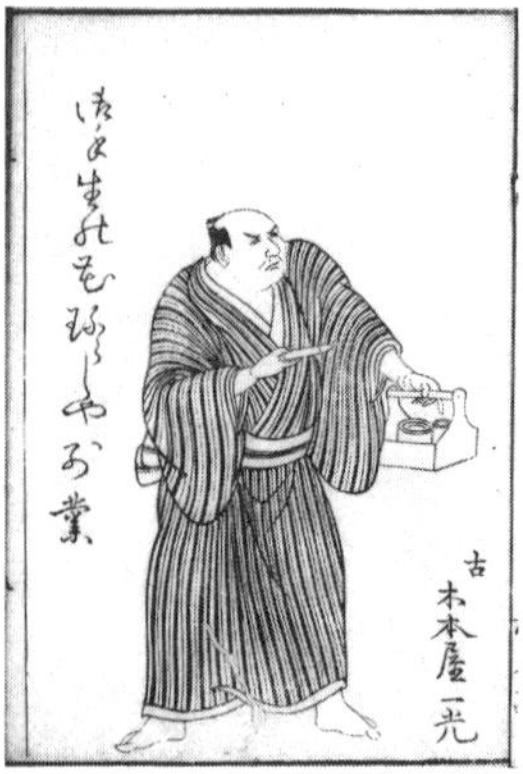

図20『旦生言語備』国立国会図書館蔵

図19『翠釜亭戯画譜』 稀書複製会 国立国会図書館デジタルコレクション

図21『旦生言語備』拡大図 国立国会図書館蔵

『絵本水や空』の大五郎01（図18）と『旦生言語備』（図20）を比較すると顔や着物の柄は似

ていないものの、反転させるとポーズがよく似る。両本とも右手に煙管、左手にたばこ盆を持っている。『絵本水や空』（図18）では左頬の大きな黒子が目立つが、三桝大五郎01に、このように大きな黒子があったのかどうかは不明である。ただ『旦生言語備』（図21）には、左右が逆になってはいるが、よく見ると鼻の下に小さな黒子が見られる。偶然の産物なのかもしれないが、気にかかるところである。

❺姉川湊02

『絵本水や空』の湊02（図22）は、他本と

図22『絵本水や空』　国立国会図書館デジタルコレクション

図23『翠釜亭戯画譜』　稀書複製会　国立国会図書館デジタルコレクション

図24『旦生言語備』
国立国会図書館蔵

較べてずば抜けてユーモラスに見えるが、女方の愛らしい様子が、『翠釜亭戯画譜』（図23）や『旦生言語備』（図24）と共通している。

⓬嵐雛助01

図25『絵本水や空』 国立国会図書館デジタルコレクション

図27『旦生言語備』 国立国会図書館蔵

図26『翠釜亭戯画譜』 稀書複製会 国立国会図書館デジタルコレクション

図28『あらし小六過去物語』 国立国会図書館蔵

全ての本において、雛助01の大柄で存在感のある雰囲気は共通しているようである。『旦生言語備』（図27）と『あらし小六過去物語』（図28）の顔も、よく似ている。『絵本水や空』（図25）の太い足や、腹を出している姿は、それだけでも読者を笑わせるだろう。なお、こうした雛助01の太い足を見ると、やはり『絵本水や空』は先行する鳥羽絵の通りの描き方ではないと感じられる（本節（5）参照）。また他の三作品（図26・27・28）では、少し威圧的で厳しさを持つ表情は、『絵本水や空』からは感じ取ることができない。

下巻

④中村仲蔵01

図29『絵本水や空』 国立国会図書館デジタルコレクション

図30『絵本舞台扇』 国立国会図書館デジタルコレクション

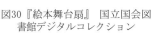

『絵本水や空』（図29）と『絵本舞台扇』（図30・31）の仲蔵01は、あまり似ているようには見えないが、口をへの字に曲げている様子などが共通している。役柄にもよるのであろうが、苦渋の表情を浮かべるような雰囲気が観客の印象に残り、特徴的であったのであろう。

図31『絵本舞台扇』　国立国会図書館デジタルコレクション

以上、耳鳥斎の独特な、非常に洒脱でユーモアにあふれる絵を他の役者似顔絵と比較してみた。耳鳥斎は『絵本水や空』において鼻と眉をほとんど描いていない。つまり省筆である。省筆は漫画に通じるだろうか。たとえば『新明解国語辞典』第八版（三省堂　二〇二〇年）の漫画の最初の項目には、

滑稽《コッケイ》みを主とし、単純な線や色で描いた絵。

とある。多様化する現代の漫画をこれだけの言葉で捉えて説明することは難しいかもしれない。しかし、耳鳥斎の絵は漫画の一端に通じる、といえるのではないだろうか。

（4）『絵本水や空』と役者評判記

さて、『絵本水や空』には、当時、どのような評判をとった役者が描かれているのであろうか。

江戸時代には、さまざまな評判記が盛んに刊行されていたが、歌舞伎役者の評判を載せた書物として、役者評判記がある。歌舞伎役者が舞台で演じた役柄、その評判を記したものであり、最も古い現存作は、万治三年（一六六〇）刊の『野郎虫《やろうむし》』である。そして貞享年間（一六八四—一六八八）以降は、次第に役者の技芸に位付けを施すようになる。元禄十二年（一六九九）刊『役者口三味線《やくしゃくちじゃみせん》』以降は、役者評判記としての定型が確立し、主として京、江戸、大坂の三巻の構成で刊行されるようになる。書名の上に「役者」と付けるようになったのも、元禄の頃からである。評文は、合評形式をとることが多く、賞賛や辛口の意見が取り混ぜられて語られている。役者評判記は、幕末まで毎年刊行され続けた。

『絵本水や空』に登場する役者の評判を、いくつか見てみる。

上巻
⑩中村富十郎01
『絵本水や空』で、中村富十郎01は藤屋伊左衛門に扮している。この役については安永九年（一七八〇）三月刊の『役者晴小袖《やくしゃはれこそで》』大坂之巻に評文があり、[17] 富十郎の位付けは惣巻首の大至極上上吉である。以下、引用にあたっては、適宜、空白をあけ、読みやすくした。

頭取 当二のかはり准源氏大内言葉に（中略）三役結城三郎なれど　よし時病気なぐさめの為夕ぎりとくぜつの段を藤屋伊左衛門と成つとめ（中略）

島之内 前髪にての伊左衛門　殊に衣装も蝶の模様の紙子仕立ゆへ　どふか曽我の五郎めいてどつと云はなんだぞ（中略）

京下り 久しぶりの立役を見ましたぞ

右は安永八年（一七七九）もしくは九年（一七八〇）の二の替に上演された『准《たとえ》源《げん》氏《じ》大内《おおうち》言《こと》葉《ば》』についてのものであるが、評文からもわかる通り、富十郎にとっては久しぶりの立役であった。『翠釜亭戯画譜』や『旦生言語備』にも富十郎は描かれているが、いずれも女方の姿である。また髪と蝶の模様の紙子仕立の衣装については、役者評判記の記述と『絵本水や空』の姿（図32右）が合致している。

⑪芳澤伊呂波01

『絵本水や空』は見開きの二頁で、同じ演目を演じている役者を一対にして描いていることが多いので、続けて富十郎01扮する伊左衛門の相手役の夕霧を演じた芳澤伊呂波01（図32左）を見てゆく。芳澤伊呂波01も『役者晴小袖』大坂之巻に載り、上上吉（吉の字は白抜きになっている。評価がもっと上がると白抜きのない吉の字となる）の評価を得ている。

図32『絵本水や空』　国立国会図書館デジタルコレクション

頭取 当二のかはり（中略）二役白拍子小てふなれ共　御前狂言に夕ぎりと成　慶子（筆者注：「慶子」は富十郎01の俳名）丈伊左衛門にて阿波の鳴戸の仕内　きつい仕上様

見功者 成程あれ程にこなさるゝは一かどの事ながら　夕ぎりに成ての出端からおくまで病気といふ文句のおもむきは少しも心持がない様に見えました

頭取 夫も御尤ながら　そこが見物事ゆへ　あまり病気らしきふりがめつ《ママ》ては花がうすうござりませうかい　何にもいたせ当時日の出の花方〳〵

夕霧は遊女で、病気を患っている設定だが、頭取が褒めたのに対して、見功者は、病気には見えないといって苦言を呈している。しかし、また頭取が、「見物事」つまりお客様にお見せする芝居だから、といって、それを取りなして、「日の出の花方」と伊呂波01を褒めている。その、やりとりが面白い。役者の評判を見ながら、耳鳥斎の絵をながめるのも、また楽しいことである。

⑫中村次郎三02

中村次郎三02は、先に図15～17で見たとおり、『絵本水や空』（図15）では、ユーモアをもって可愛らしく描かれていたが、他本の似顔絵との共通性は低かった。評判はどうであろうか。

ここでは安永九年（一七八〇）正月刊『役者紫郎鼠《やくしゃしろねずみ》』、安永九年（一七八〇）三月刊『役者晴小袖』、安永十年（一七八一）正月刊『役者三ヶの角文字』に載る評判について、見てみたい。

『役者紫郎鼠』では大坂之巻の敵役之部の筆頭に載る。位付けは上上吉（吉の字は二画目以降白抜き）となっている。評文の一部を以下に引用する。

　芝居側 去年迄は当座もおかしみか　すくなく　さびしかつたが

次郎三02が座を移って来たことにより、おかしみのある芝居が見られることを楽しみにしているような書き方である。

次に『役者晴小袖』の評文を見てみる。『役者晴小袖』においても大坂之巻、位付けは上上吉（吉の字は二画目以降白抜き）である。

　上丁より 顔さへ出さるゝと見物がおかしがる様の仕にせになりました

最後にもう一つ『役者三ヶの角文字』を見てみよう。『役者三ヶの角文字』では大坂之巻、実悪実敵之部に載り、位付けは少し白抜きが減った上上吉（吉の字は三画目以降白抜き）である。

頭取 此声の耳に残りて いつ迄もわすられぬと町中の評判もおかしみを兼たる所（中略）寺領がほしさに鯛介に坊主にしてもらひ経を習ふおかしみ 後鯛介に水銀をのまされ物をいはず とんはうがへり計してゐての無念かり さりとはおかしいく

このように、三つの評判記のいずれにも、敵役または実悪実敵役である次郎三02の演じ方におかしみのあることが記されている。敵役、実悪実敵役である以上、『翠釜亭戯画譜』や『旦生言語備』に描かれているように、もともとの顔かたちには、それほど愛嬌はないのかもしれない。しかし『役者晴小袖』では「顔さへ出さるゝと見物がおかしがる様の仕にせになりました」と評されている。耳鳥斎は、『絵本水や空』において、単なる見た目ではなく、舞台上で次郎三02が生み出すおかしみ、および次郎三02という役者が持つ味わいのようなものを描いているといえるであろう。(19)

中巻

❷澤村國太郎01

澤村國太郎01は『役者晴小袖』京之巻の若女形之部に載り、位付けは上上吉である。安永八年（一七七九）もしくは九年（一七八〇）の二の替りに上演された『けいせい大内《おおち》の雛《ひな》形《がた》』に嵐三五郎02と共に出演している（図33右）。評文は次のようなものである。

頭取 当二のかはり　大内の雛形におみよと成（中略）夫より　けいせい名月と成（中略）大切道行より　おし鳥の所作まで相手は雷子（筆者注：「雷子」は嵐三五郎02の俳名）ゆへ　一しほ見ごたへ有て　去とはきれいなこと　当時是程の道行は外にないぞ〳〵

図33『絵本水や空』 国立国会図書館デジタルコレクション

❸嵐三五郎02

國太郎の相手役の三五郎02（図33左）の評はどうであろうか。『役者晴小袖』京之巻の立役之部を見てみる。三五郎02の位付けは上上吉で、その横に「ほうび　をしとり」とある。評文にもある通り、おし鳥の所作が大当たりしたためであろう。

頭取当二の替けいせい大内の雛形に大内よし高と成（中略）大切其答（筆者注：「其答」は澤村國太郎01の俳名）丈と道行　去とはきれいな事　夫よりおし鳥の所作迄　当時やつしの開山〳〵夫ゆへのほうびのおし鳥でござります わる口 おし鳥〳〵といへど評判程にもない物じやぞ

頭取がおし鳥の所作を非常に褒めているのに対し、わる口が、「評判程にもない」とけなしているのが面白い。この場面は評判記の挿絵の中にも描かれている（図34）。

澤村國太郎01と嵐三五郎02が演じる道行のおし鳥の所作（図33）は、この時すでに評価を得ており、観客の評判になっていた。その当たり芸を耳鳥斎は『絵本水や空』で描いている。

図34『役者晴小袖』京之巻　東京藝術大学附属図書館蔵
左下に描かれているのが嵐三五郎02と澤村国太郎01のおし鳥の所作

正月十七日ヨリ
二ノかわり
けいせい大内《おゝち》の雛形《ひながた》
中山座
続六番

けいせい
めい月ニ
☆

☆

大内よしたかニ

澤村
国太郎

嵐三五郎

『けいせい大内の雛形』のおし鳥の所作（☆で示した場所）
部分的に翻字で示す

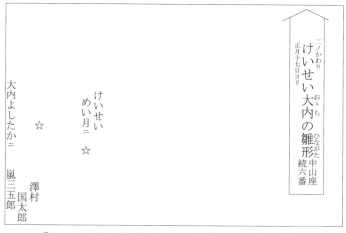

耳鳥斎の絵は、ユーモアと滑稽味にあふれているが、役者評判記と照らし合わせてみると、決して奇をてらって描いているわけではなさそうである。評文を読むことにより、役者の演技に即して描いたり、当たり芸に焦点を当てていることがわかる。役者は、見た目も大切であろうが、それだけではない。再掲となるが松平進氏[20]が『絵本水や空』について「極度の略筆粗描で役者の特色をよくとらえ、その雅味ある滑稽感の底に、画者の冷徹な人間観察がうかがわれる」と評されるゆえんである。

(5) 先行作としての鳥羽絵

ここで、耳鳥斎以前に存在した「鳥羽絵」について、少し触れておきたい。松平進氏[21]は『日本古典文学大辞典』の「耳鳥斎」の項目において「いわゆる鳥羽絵様式の画家のうち、特に洗練された洞察力の鋭い諧謔の才能を示す」と指摘しておられる。先に見た『絵本水や空』の銅脈先生の跋文には、「狩野ヲ移サズ、土佐ヲ模セズ、鳥羽僧正ヲ学バズ」と記されていたが、やはり耳鳥斎の絵が生まれる前には、先行する戯画があった。それが鳥羽絵であった。

鳥羽絵は、江戸時代宝永年間（一七〇四—一七一一）頃から上方で流行した戯画の一様式である。略筆粗描で、人物の手足を異様に長く痩身に、鼻は低く、口を大きく描く。鳥羽絵の絵本の早い例として、享保九年（一七二四）刊の『鳥羽絵筆拍子《とばえふでびょうし》』がある。鳥羽絵の影響を受けたのは、耳鳥斎のみならず、葛飾北斎の『北斎漫画』にも、その影響が見られるという。鳥羽絵は、江戸時代を通じて、繰り返し刊行され続けた。(22)

『鳥羽絵筆拍子』は三冊から成り、長谷川光信の画である。享保九年（一七二四）に刊行されたが、その後も多くの版を重ねた。三冊のうち、上巻では歌舞伎を扱っている。上巻から何点かを見てみよう。

『桜曽我』の絵（図35）に見られる言葉を右側から読んでみる。

図35『鳥羽絵筆拍子』「桜曽我」　東京藝術大学附属図書館蔵

「たまらぬ〳〵ゆるせ〳〵」
「いのちがものだねじや　まあにげましよ」
「やひとのかはが　むけまする　かんにん〳〵」
「さの川　万ぎく　五郎ときむね」
「尺八ぼんなふの　ねふりをさませ　ぐにんども」

『桜曽我』は、享保七年（一七二二）盆以前に大坂の嵐三右衛門座で上演されている。佐野川万菊が五郎を演じており、このときの模様を鳥羽絵にしたのであろう。『桜曽我』は同年の春にも大坂の竹島幸左衛門座で上演されており、浅尾十次郎01が五郎時宗を演じている。この時期に流行した狂言であったのかもしれない。(23)

次に『浮世曽我』の絵（図36）の中の説明や台詞を、右側から見てゆくと左のようになっている。

「いきたあさひな　大谷ひろ次ふう」

「とめた　やらぬ　まて〳〵」
「すけつね　おがむ　ゆるせ〳〵　おと右衛門に　よふにたか」
「ときむね　坂東彦三郎　いきうつし」
「おやのかたき　あふたときに　かさの代　うけとらふ」

「いきた」というのは、勢いづいた、力んだという意味であろう。「かさの代」というのは、「笠の台」すなわち笠をかぶせる台の意味で、人の首のことである。

『浮世曽我』は、享保九年（一七二四）正月に大坂の嵐三右衛門座で上演されている。『鳥羽絵筆拍子』の絵には役者の大谷廣次、音右衛門、坂東彦三郎の名前が見えるが、こ

図36『鳥羽絵筆拍子』「浮世曽我」　東京藝術大学附属図書館蔵

の時の上演では、大谷廣次01は朝比奈ほか、澤村音右衛門は工藤祐経、坂東彦三郎01は五郎時宗を演じており、『鳥羽絵筆拍子』の記述と一致する。

図37『国性爺《こくせんや》合戦《かっせん》』の絵に添えられている言葉は、次の通りである。

「ハア　おもしろし　しぎはまぐりの
あらそひにて　ぐんはうの　さとりをひ
らいた」

「わとうない」

鴫が大蛤をつつき、大蛤が貝で鴫のくちばしを挟んで食べられまいと抵抗する争いを見

図37『鳥羽絵筆拍子』「国性爺合戦」　東京藝術大学附属図書館蔵

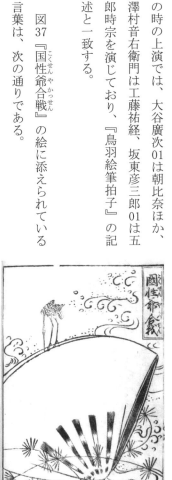

て、和藤内が軍法の奥義を悟るこの場面は『国性爺合戦』の中でも有名である。浄瑠璃絵尽しにも、この場面は描かれているので、下にあげてみる（図38左）。

近松門左衛門の浄瑠璃本文には「大蛤」とあり、浄瑠璃絵尽しでもかなり大きめに描かれているように思われるが、『鳥羽絵筆拍子』（図37）では、大蛤がさらに巨大化している。クローズアップによる強調によって笑いを誘う絵である。

なお『鳥羽絵筆拍子』が刊行された時期に近い『国性爺合戦』の上演は、享保七年（一七二二）八月に大坂の竹島座におけるものがあったらしい。[24]

享和二年（一八〇二）刊『浪花なまり』に

図38　浄瑠璃絵尽し『国性爺合戦』
早稲田大学演劇博物館蔵（イ14－13－942）

は「耳鳥斎《にてうさい》の戯画《たはれゑ》は鳥羽《とば》の僧正《そうぜう》もはだしにて」[25]とある。耳鳥斎の戯画は、鳥羽の僧正もかなわないほど見事である、という意味になるかと思われるが、似顔絵ではなく、手足の長さがかなり強調されている鳥羽絵と、耳鳥斎の絵とは性質を異にし、本質的な部分で一線を画す。ただ耳鳥斎の絵が生まれる以前には、滑稽味のある鳥羽絵が存在し、耳鳥斎のユーモラスな絵が鳥羽絵の影響を受けていることは事実であろう。『絵本水や空』において耳鳥斎の独自性をアピールする銅脈先生の跋文も考え併せなければならないが、耳鳥斎より前の時代に鳥羽絵が流行したことにも、目を向けておきたい。たとえば、辻惟雄氏[26]は「江戸時代、一八世紀前半の大坂に登場した絵本「鳥羽絵」の、手長・足長の人物がさまざまに演ずる生活のなかの笑いは、まさしく漫画の出発点である」と述べておられる。

また、鳥羽絵は、近年において漫画との関連性でも注目を集めており、「江戸のまんが「鳥羽絵」と「耳鳥斎」」展（大阪府立中之島図書館　二〇〇〇年）、「江戸の戯画　鳥羽絵から北斎・国芳・暁斎まで」展（大阪市立美術館　二〇一八年）、「ＧＩＧＡ・ＭＡＮＧＡ　江戸戯画から近代漫画へ」展（すみだ北斎美術館、神戸ゆかりの美術館ほか　二〇二〇～二〇二一年）といった展示や展覧会でも取りあげられている。

3　岡本一平『新水や空』俳優の部について

『新水や空』俳優の部は、昭和四年（一九二九）一月五日から四月七日まで、「東京朝日新聞」朝刊に連載された、役者を描いた漫画である。作者は岡本一平（一八八六―一九四八）である。岡本一平は、現在では岡本太郎の父、あるいは岡本かの子の夫として名前を知られているが、大正から昭和にかけて一世を風靡した漫画家であった。

昭和四年（一九二九）当時、岡本一平は朝日新聞社の社員であり、『新水や空』連載中の一月二十四日から約一ヶ月間は、同紙に政治漫画も描いている。『新水や空』俳優の部の連載が終了したのが四月七日であるが、四月二十七日からは「東京朝日新聞」朝刊に『新水や空』政治家の部の連載を始めている。『新水や空』政治家の部は、六月二十八日まで続いた。六月からは『一平全集』の刊行が始まる。『一平全集』は、五万セットも売れるベストセラーとなった。当初は全十巻の予定であったが、予約注文が殺到したため、急遽増巻され全十五巻となったという。[27]全集の他にも「民生内閣トーキー」などの連載を含む漫画作品を発表し、『一平小彌太人生問答』や『指失人形』などの本も刊行し、十二月にはロンドン海軍軍縮会議を朝日新聞社の特派員として取材するために、かの子、太郎とかの子の愛人二人を伴って渡航している。当

時の岡本一平は、飛ぶ鳥も落とす勢いで大活躍をしていた。(28)

（1）『新水や空』に描かれた役者・俳優

『新水や空』に描かれている役者・俳優は、次の通りである。

役者名	新聞掲載月日	作品名	役名
1松本幸四郎07	1・5	戻橋	綱
2尾上梅幸06	1・6	戻橋	早百合実は悪鬼
3中村歌右衛門05	1・7	恋女房染分手綱	重の井
4中村雁治郎01	1・9	心中天網島	紙や治兵衛
5市川左團次02	1・10	大盃(29)	三郎兵衛
6片岡仁左衛門11	1・11	桐一葉	片桐且元
7澤村宗十郎07	1・12	義経千本桜	鮨屋のお里
8伊井蓉峰	1・14	婦系図	早瀬主税
9坂東秀調03	1・15	雪夕暮入谷畦道	三千歳
市川寿美蔵06	1・15	天衣紛上野初花	直侍
10河合武雄	1・16	仮名屋小梅	小梅

11守田勘弥13	1・17	田舎源氏(30)	光氏
12尾上松助04	1・19	与話情浮名横櫛	かうもり安
13市村羽左衛門15	1・21	与話情浮名横櫛	与三
14澤田正二郎	1・22	国定忠次	国定忠次
15市川猿之助02	1・23	研辰の討たれ(31)	研辰
16喜多村緑郎01	1・24	両国の秋	蛇つかひお絹
17中村福助04(32)	1・25	傾城反魂香	吃又女房おとく
18山本安英	1・26	ペエア・ギュント	ソルウェーヂ
19曾我廼家五郎	1・28	不明	
20市川中車07	1・31	伽羅先代萩	仁木
21森律子	2・1	不明	高速度喜劇口上役
22澤村源之助04	2・2	夏祭浪花鑑	徳兵衛女房お辰
23中村福助05	2・5	石切梶原	娘梢
24実川延若02	2・6	鐘もろとも恨鮫鞘	八郎兵衛
25大谷友右衛門06	2・8	侠客春雨傘	釣鐘庄兵衛
26市川松蔦02	2・9	番町皿屋敷	お菊
27中村魁車	2・10	時雨の炬燵	おさん
28曾我廼家蝶六	2・11	奴可内	奴さん

29汐見洋	2・12	モルナアル	悪魔
30尾上菊五郎06	2・15	紅葉狩	更科姫
31中村吉右衛門01	2・17	風鈴蕎麦屋	又七
32林長三郎	2・19	吃の又平	狩野雅楽之介
33中村時蔵03	2・20	絵本太功記	みさほ
34澤村田之助05	2・22	村井長庵	千太郎
35河村菊江	2・23	おまん源吾兵衛	おまん
36尾上幸蔵02	2・24	白縫譚	大友刑部
37坂東三津五郎07	2・25	茶壺	熊鷹太郎
38井上正夫	2・28	磔茂左衛門	磔茂左衛門
39初瀬浪子	3・1	夕霧伊左衛門	夕霧
40澤村訥升04	3・2	心中天網島	小春
41片岡千代之助	3・4	上野戦争	長太郎
42中井哲	3・5	安政小唄	清七
43中村芝鶴02	3・8	四谷怪談	娘お梅
44村田嘉久子	3・9	四谷五更話	妹お袖
45尾上多賀之丞03	3・10	天人吉三	湯島のおかん
46市川男女蔵04	3・12	八百屋お七	吉三

47久松喜代子	3・14	幡随院長兵衛	女房お時
48坂東彦三郎06	3・19	一谷嫩軍記	熊谷直実
49市村家橘07	3・20	お夏清十郎	お夏
50市川新十郎03	3・21	桔梗旗挙	浅山多惣
51花柳章太郎	3・26	三人吉三巴白浪	お嬢吉三
52水谷八重子01	3・28	不明(33)	
53畑中蓼坡	3・29	不明	歓迎されぬ男
54市川八百蔵08	3・30	相馬の金さん	金さん
55片岡我童04	4・1	妹背山婦女庭訓	お三輪
56曾我廼家五九郎	4・2	不明	
57市川小太夫02	4・3	天衣紛上野初花	金子市之丞
58中村扇雀01	4・4	不明	おさか
59市川左升02	4・5	喜劇合わせ鏡	不明
60市川荒次郎02	4・7	国定忠次の遺児	千手院住職大室貫秀

上演作品名及び役名は『新水や空』に書き込まれているものを記した。明示されていないものについては、『漫画・近代・人・事件』展　田河水泡コレクション（町田市立博物館　一九九

四年）の図録を参照させて頂いて記した。その他、筆者が調べたものもあるが、明らかにできなかったものは、「不明」と記した。

役者の並び順は、最初に発表された「東京朝日新聞」の掲載順としたが、『一平全集』第四巻（先進社　一九二九年）、および図録『漫画・近代・人・事件』と並び順が異なる所がある。

また参考として、『新水や空』以降に襲名、改名した役者名を左に記す。

参考

9市川寿美蔵06→市川寿海03

32林長三郎→林又一郎

40澤村訥升04→市川松莚

41片岡千代之助→片岡我当04→片岡仁左衛門13

46市川男女蔵04→市川左團次03

49市村家橘07→市村羽左衛門16

55片岡我童04→片岡仁左衛門12

58中村扇雀01→中村鴈治郎02

（2）耳鳥斎『絵本水や空』と岡本一平

先述の通り、『新水や空』俳優の部は、昭和四年（一九二九）一月五日から四月七日まで「東京朝日新聞」朝刊に連載された。のち、同年十月発行の『一平全集』第四巻（先進社）に収録され、さらに同年十二月に文藝春秋から政治家の部と共に限定出版されている。この事柄だけを見ても、岡本一平の人気ぶりがうかがわれる。

『新水や空』の序文にあたる「ことわり書」には五、六年あるいは七、八年前に、坪内逍遙先生から御弟子を通じて岡本一平へ、絵の依頼があったこと、早稲田大学坪内逍遙記念演劇博物館も出来て（昭和三年〈一九二八〉に開館）、今こそ描いて捧呈する好機だと思ったことなどが綴られている。そして末尾に

「新水や空」といふのは耳鳥斎の俳優絵帳に「水や空」といふのがある。耳鳥斎は嘗て好きであった幕府時代の漫画家ゆるこの俳優似顔絵帳もそれに因んだ名をつけた。

とある（字体は現在通行のものに改めたところがある）。「嘗て好きであった」という記述が少々気

になるが、岡本一平は、当時、恐らく現在のように簡単に見ることができなかった耳鳥斎の『絵本水や空』を認識していた。そして耳鳥斎のことを「幕府時代の漫画家」と称している。

岡本一平には、『新水や空』以前にも、耳鳥斎に触発されて描いた作品があった。『役者生命摘出』というタイトルで、大正十一年（一九二二）市村座、九月興行の歌舞伎役者を含め、のべ四十人を描いたものである。その序言には、次のようにある。(34)

これは安永頃の漫画家耳鳥斎の俳優似姿絵本や『水や空』の雄大なる描き方と現代仏国後期印象派の主張する根源生命への切迫とに感激せし一漫画家が、桟敷から凝視した今の日本の役者の上に、その感化のまゝを筆に行はうとするものである。なぐり書きや、ぞんざいな、いたづら書きと受取られては読者に失敬に当る。で事実を申す。この最初二枚の結果を得る為めにも五六十枚の書き直しをした。

この序言からもわかる通り、ここでも岡本一平は『絵本水や空』に言及し、耳鳥斎のことを「安永頃の漫画家」と称している。一平の『役者生命摘出』は一見すると線が太く、滑稽味もあるかもしれないが、それと併せて役者の特徴を強調するあまりグロテスクな印象を受ける。

グロテスクな印象は『新水や空』よりも、『役者生命摘出』の方が強い。そこで、『役者生命摘出』の最初の二枚を以下に掲げる。序言に「この最初二枚の結果を得る為めにも五六十枚の書き直しをした」とあるその二枚である（図39）。

ところで『新水や空』の前身ともいうべき『役者生命摘出』であるが、『絵本水や空』のタイトルを踏襲した『新水や空』よりも、耳鳥斎『絵本水や空』の影響が強く認められる点がある。それは役者の手の描き方である。

全ての絵においてではないが、『絵本水や空』では、役者の手や指先を箒のように、線で表現している場合がある。たとえば、上巻⑤嵐新平02の手や指先は図40のように描かれ

図39『役者生命摘出』　国立国会図書館デジタルコレクション

図40『絵本水や空』嵐新平02　国立国会図書館デジタルコレクション

図41『役者生命摘出』中村歌右衛門05　国立国会図書館デジタルコレクション

図42『役者生命摘出』澤村宗十郎08　国立国会図書館デジタルコレクション

図43『役者生命摘出』曾我廼家五郎　国立国会図書館デジタルコレクション

ている。

他にも③中山文七01、⑦中村歌右衛門01（図8）、⑩中村富十郎01と⑪芳澤伊呂波01（図32）、中巻❺姉川湊02（図22）、❻柴崎林左衛門02、❾嵐吉三郎01、下巻⑥尾上菊五郎01、⑦市村羽

左衛門09、⑪尾上松助01、⑫大谷廣次03など多数の役者に見られる描き方である。『役者生命摘出』では、数は少ないかもしれないが、たとえば、中村歌右衛門05、澤村宗十郎08、曾我廼家五郎などに、同じような手や指先の描き方が表れている（図41〜43）。

岡本一平が『絵本水や空』から受けた影響は、単に指先の描き方だけにとどまらないと思うが、一例として注目してみた。

(3)　『新水や空』の評判、描かれた役者とブロマイド・写真

改めて岡本一平著『新水や空』について見てみたい。『役者生命摘出』の序言に、最初の二枚を描くのに「五六十枚の書き直しをした」とあったが、『新水や空』についても、同様、あるいはそれ以上の苦労があった。『一平全集』第十一巻（先進社　一九三〇年）の月報第十二号に鈴木氏亭が「『新水や空』について」を書いている。それによると

岡本氏の似顔絵は、政治家にせよ、俳優にせよ、一枚を書くに、二十枚以上の書損じを拵へぬものはなかつた。中村吉右衛門の如き一枚を書くに百三拾枚を費し、やつと出来上つたと云ふことである。どうしてかう書損じを出したかと云ふに、顔一つ書くに、鼻がうま

く描けたが口や目が気に入らない、耳が気に入らないと云ふ風に、幾枚も〱書いて行く中につもりつもつて五十枚、六十枚、やがて百枚となつたので、五十枚以上の書損じを出さぬ俳優は殆んどないと云つてもいゝくらゐであつた。

　岡本氏は多くの場合、徹夜して書いた。(中略)書く時には、墨をすつて置いて、いつでも筆に墨をふくませて、筆を下ろすことが出来るやうにしてゐた。でないと妙案が頭脳に浮んだ場合、墨を筆につけて、一気に書くことが出来ないからださうである。そして筆はいつも穂先の細い新らしいものを選んでゐた。一人の似顔を書くに、四五本の筆を費すことはなんでもないことで、穂先の鋭いものでないと、デリケートな線は描けないと云つてゐた。

　いつも、絵が出来上る頃には、岡本氏の顔は蒼ざめて、眼が血走つて、とても二タ目とは見られない程、物凄いものだつた。(中略)

　目下、ロンドンにゐる岡本氏からの頼《(ママ)》りに見ても、「新水也空」が英国の美術鑑賞家の間に、異常なセンセイションを起してゐると云ふことである。(35)

とのことである。たやすく描いていているように見えて、一人の役者を描くのは、実は想像を絶するほど大変なことであった。似顔絵を見るだけの立場にある者には、なかなかわからないことである。

限定出版の『新水や空』を刊行した昭和四年（一九二九）十二月に、岡本一平、かの子、太郎ほかの一行は神戸港から出発し、昭和五年（一九三〇）一月十七日にロンドンに到着している。『一平全集』第十一巻は昭和五年（一九三〇）五月に刊行されているので、岡本一平のロンドン滞在時にあたる。『新水や空』について、「英国の美術鑑賞家の間に、異常なセンセイションを起してゐる」と書かれているが、岡本一平の息子の岡本太郎[36]も同じようなことを書いている。

私がパリ時代、この「新水や空」の画集をヨーロッパの芸術家に紹介したとき、非常な驚異をもって迎えられた。グロッスと比肩できる、世界に稀なる漫画家だという批評が出たくらいである。

グロッスとは、ドイツ表現主義の画家、風刺漫画家ジョージ（ゲオルゲ）・グロス（一八九三―一九五九）のことである。描くために大変な労力を重ねた結果、『新水や空』は海外でも高い評価を得ることになった。

次に、『新水や空』と当時の役者の写真を比較してみたい。『新水や空』に描かれている姿に、役者本人のブロマイドや「演芸画報」などに掲載されている写真と、よく似ているものがある。いくつか例をあげてみよう。

15　市川猿之助02

『新水や空』に描かれている猿之助02（図44）は、国立劇場、日本伝統芸能情報館の文化デジタルライブラリーで公開されているブロマイド（図45）と非常によく似ている。図45のブロマイドは、昭和二年（一九二七）八月に歌舞伎座で上演された『恋の研辰』のものである。

図44『新水や空』「研辰」国立国会図書館デジタルコレクション

図45 ブロマイド　国立劇場蔵（BM006212）

25　大谷友右衛門06

図46『新水や空』「釣鐘庄兵衛」　国立国会図書館デジタルコレクション

図47　ブロマイド　国立劇場蔵（BM005955）

友右衛門06にも、そっくりなブロマイドが存在する。図47のブロマイドは昭和三年（一九二八）十二月に明治座で上演された『侠客春雨傘』のものである。

31　中村吉右衛門01

『新水や空』に描かれる吉右衛門01（図48）について見てみよう。図49のブロマイドは大正十五年（一九二六）十月に本郷座で上演された『風鈴蕎麦屋』の「夜蕎麦売又七家の場」のものである。『新水や空』では背景は省略され、煙草の煙が描き加えられているが、ポーズや小道具は大変よく似ている。

以下、都合により当時の写真やブロマイドは掲載できないが、よく似た写真やブロマイドが残されているものがある。ネット上で閲覧可能なものもあるので『新水や空』の一平の絵を掲げたうえで、二〇二二年現在、閲覧できるブロマイドを併せて紹介させて頂きたい。

22　澤村源之助04

源之助04の「徳兵衛女房お辰」（図50）には、よく似たブロマイドが残る。昭和三年（一九二八）九月に明治座で上演された『夏祭浪花鑑』上演時のもので、源之助04のポーズや提灯の位置などが、そっくりである。国立劇場、日本伝

図48『新水や空』「又七」　国立国会図書館デジタルコレクション

図49　ブロマイド　国立劇場蔵（BM007447）

図50『新水や空』「徳兵衛女房お辰」　国立国会図書館デジタルコレクション

統芸能情報館の文化デジタルライブラリーのサイト（https://www2.ntj.jac.go.jp/dglib/→収蔵資料を見る→ブロマイド→「演目」、「役名」、「役者名」のいずれかで検索→BM003831）でその姿が見られる。

24　実川延若02

延若02の「八郎兵衛」（図51）にも『新水や空』と同じポーズをとるブロマイドが残る。先に記した日本伝統芸能情報館、文化デジタルライブラリーのブロマイド（BM006063）で、大正十四年（一九二五）八月に歌舞伎座で上演された『鐘もろとも恨鮫鞘』の「千日前墓所の場」を演じている時のものである。

30　尾上菊五郎06

菊五郎06の「更科姫」（図52）にも、ポーズのよく似るブロマイドがある。日本伝統芸能情報館、文化デジタルライブラリーのブロマイド（BM004766）で、昭和二年（一九二七）二月に市村座で上演された『戸隠山中』（『紅葉狩』）の時

図51『新水や空』「八郎兵衛」
国立国会図書館デジタルコレクション

図52『新水や空』「更科姫」
国立国会図書館デジタルコレクション

のものである。なお図52は『一平全集』第四巻に収載の図版であるが、「東京朝日新聞」に掲載された折には、左上に紅葉が描かれていた。

多忙な時期にあって、毎日のように役者の姿を新聞紙上に掲載するのは、精神的にも体力的にも負担が大きかったことと思う。役者を描くにあたり、舞台を見るだけではなく、ブロマイドや写真を参考に描き上げることも多かったのかもしれない。

先に見たように、中村吉右衛門01の絵を描き上げる為には、百三十枚を費やしたということであった。ただ、その絵はブロマイドとよく似ている。このことは、どのように捉えたらよいのであろうか。素人考えではブロマイドを元にゆるやかな似顔絵を気楽に描いているようにも見える。しかし、実は、役者の似顔絵を描くには、大変な情熱とエネルギーが必要であったということであろう。たとえ岡本一平が舞台を見ずに、ブロマイドだけを参考に描いたとしても、絵そのものが持つ魅力は健在である。一方で、やはり吉右衛門の似顔絵（図48）における煙草の煙、背景の省略の仕方などを考えあわせるならば、舞台を実際に見ていなければ表現できないのではないかとも思われる。比較すると明らかであるが、岡本一平はブロマイドよりもクローズアップして役者を描いており、顔の大きさなどの比率は、いずれの絵もブロマイドより大きい。写真とは異なる次元の筆致で、絵には生の舞台を再現するかのごとく迫力がある。

まとめ

以上、近世演劇に関する資料と、漫画との繫がりを探ってきた。

１節では、絵入狂言本や絵入浄瑠璃本、絵尽しに、漫画と似たコマ割りが認められること、絵尽しと漫画には、読者の視線の動かし方などが共通するのではないか、ということを指摘した。日本の文化には、絵巻等からもわかる通り、もともと右側から左側へという文章や絵の流れがあり、右から左へという方向で物語を把握する歴史が培われてきた。それが、近世演劇の挿絵入り資料にも表れている、ということである。

絵入浄瑠璃本や絵尽しに、漫画と共通するコマ割りや、読む時の視線の流れが漫画と同様に見られるとするならば、それは、近代や現代の漫画が、古くからの日本の文化と深く関わり、繫がっているという証しであろう。

２節では耳鳥斎画『絵本水や空』を主に取りあげた。同時代の役者似顔絵とは一線を画す、ユーモアにあふれた役者絵が見られた。耳鳥斎の絵が生まれる基盤には、鳥羽絵があったが、鳥羽絵とは異なる性格を持つ。筆者は耳鳥斎の持つ温かみのあふれる役者絵を見るたびに、耳鳥斎がいかに芝居が好きで、役者に対しての愛情にあふれているのかを感じる。役者評判記の挿絵や鳥羽絵から読み取れないもの、というのは、耳鳥斎の絵に見られるような役者個人個人の顔であり、愛着であるのかもしれない。松平進氏[37]は『絵本水や空』について、「上方役者絵の先駆的作品」と指摘する。

3節においては、主に岡本一平作『新水や空』について見てみた。岡本一平は、明治以降に入ってきた西洋の文化に影響を受けつつも、日本の古典芸能や日本古来の文化にも視線を向けていた。耳鳥斎を意識し、触発されて『役者生命摘出』や『新水や空』という作品を残す。

2節と3節で取りあげた耳鳥斎と岡本一平との共通点といえば、両人とも文章と絵の両方を書いたり描いたりすることである。耳鳥斎も岡本一平も、絵や漫画だけではなく、文筆にも長じていた。たとえば耳鳥斎は『あらし小六過去物語』や『画話耳鳥斎』では、文章と絵の両方をかいている。一方、岡本一平は、本来文筆家になりたかったらしい。しかし、親に絵を習わせられたという。また、夏目漱石[38]が、岡本一平の文章を褒め文筆家になることを薦めた、という話も残っている。

最後に漫画の側からも本稿で扱った内容を見たい。「マンガの神様」ともいわれる、手塚治虫は小学生の頃から北沢楽天や岡本一平の全集を読んでいた。[39]手塚治虫の父親は『一平全集』や『楽天全集』を所蔵しており、手塚治虫は幼少期から一平や楽天の漫画になじんでいた。岡本一平の漫画が、直接、手塚治虫の漫画に影響を与えたかどうかはわからないが、手塚治虫の漫画の原体験には、一平と楽天の漫画があった。そして今まで見てきた通り、岡本一平は江戸時代の耳鳥斎などの影響も受けている。

現代の漫画やアニメーションは、日本文化を代表するジャンルの一つとなり、最先端の技術を駆使して製作され、新しい画法、文化、思想、スタイルを作り上げているように見える。そして、その人気の高さから、世の中の流行や経済にも影響を及ぼすようになった。

しかし、これまでに見てきた近世演劇の資料からもわかるとおり、漫画は古くからの日本文化とも深層で繋がり、その土壌の上に、いま輝きを放っているのである。

注

（1）『日本古典文学大辞典』第一巻　岩波書店　一九八三年、「絵入狂言本」の項。土田衞氏執筆。

（2）『近松全集』第七巻　岩波書店　一九八七年。

（3）信多純一氏「浄瑠璃本の挿絵—浄瑠璃史に関連して」『図説日本の古典16　近松門左衛門』集

英社　一九七九年。
（4）　注3に同じ。
（5）　『演禽三世相』については、信多純一氏の旧蔵資料を収める神戸女子大学古典芸能研究センターに問い合わせをさせて頂いたが、所蔵は確認できない由、川端咲子氏にご教示を頂いた。
（6）　『三世演禽法起』の存在については、藤澤茜氏よりご教示を頂いた。
（7）　拙稿「椿亭文庫所蔵　歌舞伎絵尽し『扇矢数四十七本』について」（『上方文化研究センター研究年報』9）。
（8）　『絵本水や空』と表記したが、題簽、内題ともに「画本水や空」とある。
（9）　『日本古典文学大辞典』第一巻　岩波書店　一九八三年、「絵本水や空」の項。
（10）　『日本古典文学大辞典』第四巻　岩波書店　一九八四年、「耳鳥斎」の項。松平進氏執筆。
（11）　『役者三ヶの角文字』他、安永・天明期の役者評判記については、役者評判記刊行会編『歌舞伎評判記集成』第三期　第三巻・第四巻　和泉書院　二〇二〇年、二〇二一年に拠った。
（12）　『画話耳鳥斎』も『役者白虎通』と同じく、天明二年正月の刊記を持つが、『役者白虎通』に載る『画話耳鳥斎』に関しての広告に「近日より差出し申候」とあるので、『画話耳鳥斎』は、『役者白虎通』よりも後に刊行されたことがわかる。
（13）　講談社　一九九九年。
（14）　図録『笑いの奇才・耳鳥斎！～近世大坂の戯画～』伊丹市立美術館　二〇〇五年。
（15）　謡曲『八島』の本文は新潮日本古典集成『謡曲集』下　新潮社　一九八八年に拠った。

(16)『古今俳優似顔大全』については、早稲田大学坪内博士記念演劇博物館役者絵研究会編『役者絵研究資料1　増補古今俳優似顔大全』一九九八年に拠った。
(17) 注9に同じ。
(18)『日本古典文学大辞典』第一巻　岩波書店　一九八三年、「絵本舞台扇」の項。鈴木重三氏執筆。
(19) 中村次郎三02の絵は、見た目ではなく内面を描いていると藤澤茜氏からご教示頂いた。
(20) 注9に同じ。
(21) 注10に同じ。
(22)『日本古典文学大辞典』第四巻　岩波書店　一九八四年、「鳥羽絵」の項。松平進氏執筆。松平進氏『上方浮世絵の再発見』講談社　一九九九年、松平進氏『上方浮世絵の世界』和泉書院　二〇〇〇年。
(23) 歌舞伎の上演年に関しては、土田衞氏「『歌舞伎年表』補訂考証　享保編其三（享保七年～十一年）」（「演劇研究会会報」32）に拠った。
(24) ただし、土田氏（注23）「補訂考証」によれば、この上演は『大歌舞妓外題年鑑』に基づく記事で、肯定も否定もできない。疑問としておく」とのことである。
(25) 松平進氏『上方浮世絵の再発見』（注22）。文章の引用は国立国会図書館蔵『浪花なまり』に拠った。
(26)『日本美術の歴史』補訂版　東京大学出版会　二〇二一年。

(27) 竹内一郎氏『北澤楽天と岡本一平　日本漫画の二人の祖』集英社新書　二〇二〇年。
(28) 「岡本一平年譜」『一平全集』第二十巻　大空社　一九九一年。
(29) 上演外題は、「演芸画報」等によれば「大杯觴酒戦強者」とある。
(30) 上演外題は、「演芸画報」等によれば「田舎源氏露東雲」とある。
(31) 上演外題は、日本文化芸術振興会のブロマイド説明によれば「恋の研辰」とある。
(32) 中村福助04の屋号は高砂屋。
(33) 『新水や空』には、上演外題や役名は書かれていない。図録『漫画・近代・人・事件』(町田市立博物館　一九九四年)では上演外題を「不壊の白珠」とするが、「不壊の白珠」の初演は昭和四年(一九二九)九月かと思われるので、不明とした。
(34) 『一平全集』第四巻　先進社　一九二九年。字体は現在通行のものに改めたところがある。
(35) 字体は現在通行のものに改めたところがある。
(36) 「父・一平の漫画」(「週刊朝日」昭和三十一年〈一九五六〉二月十日号)。なお引用は『一平全集』第二十巻(大空社　一九九一年)に拠った。岡本太郎は岡本一平たちと共に神戸港から洋行したが、昭和七年(一九三二)一月、一平・かの子と共にパリへ向かい、そこで家族と別れて一人でパリに残り滞在した。
(37) 注9に同じ。
(38) 注27に同じ。拙稿では取りあげなかったが、岡本一平には『女百面相』という作品もある。この作品は、映画を思わせるフィルムの中に女性の生活がコマ割りで収められている(図53)。

まさしくアニメーションへと繋がる漫画といえないだろうか。

(39)　手塚治虫氏・石子順氏『手塚治虫漫画の奥義』講談社　一九九二年。

図版

図1　『曽我扇八景』　早稲田大学演劇博物館蔵(ニ10―472)。

図2　『けいせい富士見る里』　国立国会図書館蔵。図版は国会図書館デジタルコレクションより。

図3　『とうだいき』　大阪大学附属図書館　赤木文庫蔵。クリエイティブ・コモンズ　表示-継承 4.0 国際ライセンス(CC BY-SA)による。

図4　『とうだいき』　天理大学附属天理図書館蔵。図版は『天理図書館善本叢書　古浄瑠璃集』八木書店より転載。

図5　『三世演禽法起』　静岡市立芹沢銈介美術館蔵。図版は国文学研究資料館のマイクロフィルムより。

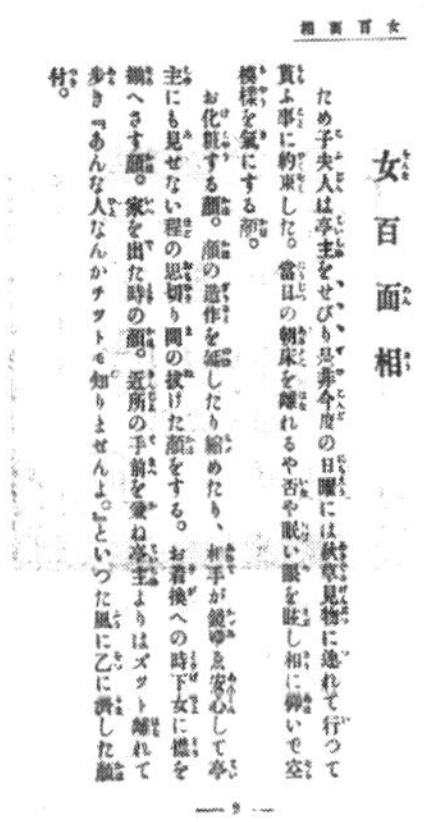

女百面相

女百面相

ため子夫人は亭主をせびり是非今度の日曜には秋草見物に連れて行って貰ふ事に約束した。當日の朝床を離れるや否や眠い眼を眩し相に仰いで空模様を氣にする顔。

お化粧する顔。顔の造作を延したり縮めたり、相手が鏡ゆゑ安心して亭主にも見せない程の思切り間の抜けた顔をする。お着換への時下女に襟を揃へさす顔。家を出た時の顔。近所の手前を兼ね亭主よりはズット離れて歩き『あんな人なんかチットも知りませんよ。』といつた風に乙に澄した顔付。

—9—

図53『映画小説　女百面相』
国立国会図書館デジタルコレクション

図6・7『扇矢数四十七本』大阪公立大学中百舌鳥図書館　椿亭文庫蔵。図版は立命館大学アートリサーチセンター　椿亭文庫番付閲覧システムより（https://www.dh-jac.net/db2/tub/default.htm）。

図8・12・15・18・22・25・29・32・33・40『絵本水や空』国立国会図書館蔵。図版は国会図書館デジタルコレクションより。

図9・10・30・31『絵本舞台扇』国立国会図書館蔵。図版は国立国会図書館デジタルコレクションより。

図11・13・17・20・21・24・27『旦生言語備』国立国会図書館蔵。

図14・28『あらし小六過去物語』国立国会図書館蔵。

図16・19・23・26『翠釜亭戯画譜』稀書複製会。図版は国立国会図書館デジタルコレクションより。

図34『役者晴小袖』東京藝術大学附属図書館蔵。

図35・36・37『鳥羽絵筆拍子』東京藝術大学附属図書館蔵。

図38『国性爺合戦』早稲田大学演劇博物館　辻町文庫蔵（イ14―13―942）。

図39・41・42・43『役者生命摘出』国立国会図書館蔵『一平全集』第四巻。図版は国立国会図書館デジタルコレクションより。

図44・46・48・50・51・52『新水や空』国立国会図書館蔵『一平全集』第四巻。図版は国立国会図書館デジタルコレクションより。

図45　ブロマイド　市川猿之助02『研辰の討たれ』国立劇場蔵。

図47　ブロマイド　大谷友右衛門06『俠客春雨傘』国立劇場蔵。

図49　ブロマイド　中村吉右衛門01『風鈴蕎麦屋』国立劇場蔵。

図53『女百面相』国立国会図書館蔵『一平全集』第十二巻。図版は国立国会図書館デジタルコレクションより。

参考文献（注にあげたもの以外）

・諏訪春雄氏「アニメの深層―「千と千尋の神隠し」の愛すべき妖怪たち」（『GYROS』10　勉誠出版　二〇〇五年）。

・伊藤りさ氏「ネットで愉しむ和本の魅力（十九）　役者の似顔絵―二つの「水や空」」（『日本古書通信』第一〇二四号　二〇一四年十一月）。

付記

ご教示を賜りました諏訪春雄先生、故岡田清春氏、神楽岡幼子氏、坂本美加氏、田口章子氏、藤澤茜氏、編集の田代幸子氏に心より感謝申し上げます。また、図版の掲載をご許可賜りました各所蔵機関、および文献調査にお力添えを頂きました園田学園女子大学近松研究所に深謝申し上げます。

なお77頁で言及した『演禽三世相』については初校返却後に所蔵先が判明し、『三世演禽法起』と大変よく似た図柄を含む本であることを確認した。

浮世絵・近世小説の挿絵にみるアニメーション的手法

藤澤　茜

はじめに

浮世絵版画や近世小説の挿絵を中心に、アニメーション的手法が確認される作例を挙げ、その具体的な手法について検討する。特に、双六や貼交絵（一枚にいろいろな形の絵をいくつも配置した浮世絵）、小説の挿絵のコマ割りに注目し、鑑賞者の視線をどう誘導するように描かれるかという問題について検証する。

1　江戸時代のアニメーション
――写し絵とは何か

（図1）は「流行浮世の寫繪」というタイトルの浮世絵である。明治という新時代を目前に控えた、慶応三年（一八六七）の作で、当時の社会状況を伝える風刺画ともいえる作品である。[1] 正面の黒いスクリーンのようなものに走っている人々が描かれているのは、「写し絵」と呼ばれた見世物の様子である。西洋から伝わった幻燈機（トーフル・ランターン）をもとに改良された「風炉」という道具を用いるもので、絵を描いた複数枚のガラス板を木枠にはめ込んだものを差し込み、その像を黒い紙の後ろから投影する方法をとる。桐製の風炉は持ち運ぶことができ、風炉にはめた絵ガラス板を回転させる演出や、木枠にはめ込んだガラス板を素早くスライドさせ、一瞬にして隣のガラス板に

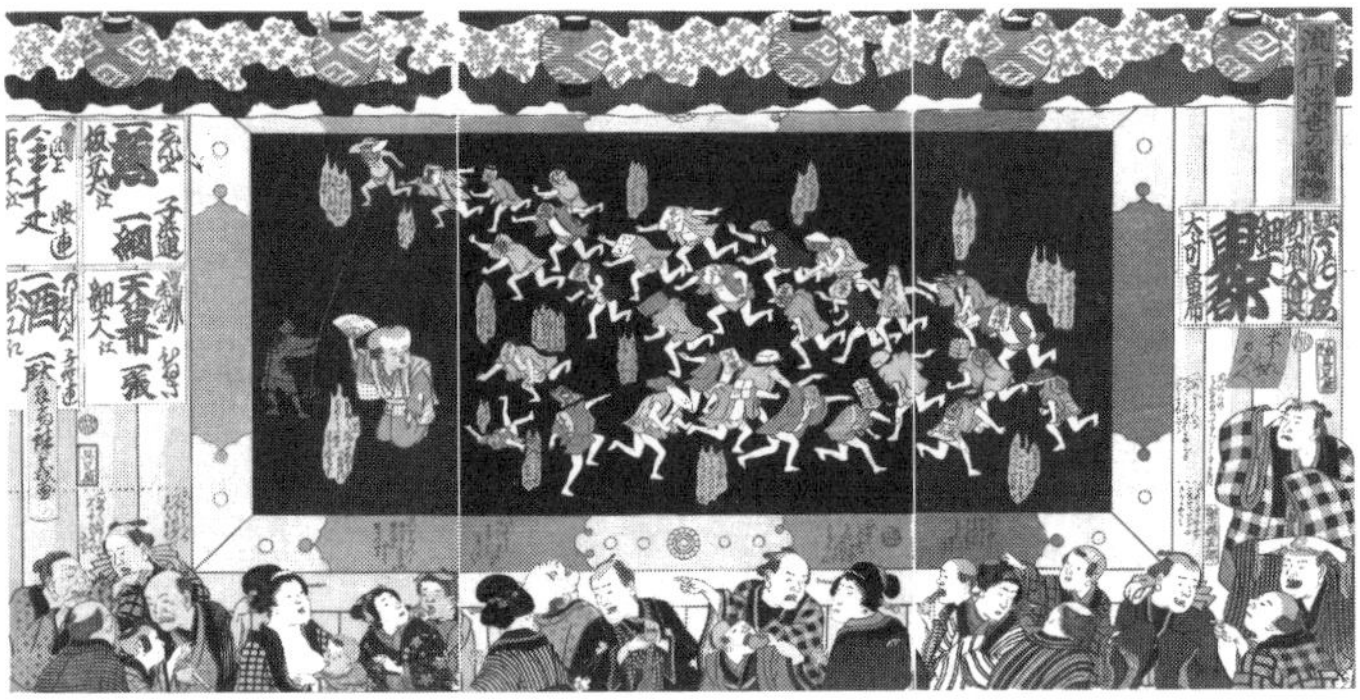

図1　三代歌川広重画「流行浮世の寫繪」味の素食の文化センター蔵
画像提供：味の素食の文化センター/DNPartcom

描かれた像を映す工夫もなされたため、映された人物が回転したり、自由に動いたりと、観客から予想できない動きを見せることもできた。単純な仕掛けであるが、江戸時代にすでに、まさにアニメーションと呼ぶべきものが、一般にも認識され、楽しまれていたことは興味深い。

写し絵は享和三年（一八〇三）に江戸神楽坂で初めて行われたといい、江戸時代後期に流行した。「江戸時代のアニメーションの原点」とも称される写し絵にも慣れていた江戸の人々にとって「物を動かして鑑賞する」するという感覚は、他のジャンル―例えば浮世絵や小説の挿絵のような平面のものに対しても何かしらの影響を与えているのではないだろうか。本稿では、江戸時代の浮世絵や絵双六、挿絵等を対象として検討を試みたい。

2　浮世絵にみるアニメーション的手法

（1）アニメーション的手法とは

日本のマンガやアニメーションが世界的に人気を博していることは、今や誰でも認識していることであろう。それらをもとにしたゲームや二・五次元の舞台、テレビドラマなど、様々な派生作品も生み出されている。

著名なアニメーターである高畑勲氏が、絵巻の描法をアニメの手法によって詳細に分析した

『十二世紀のアニメーション』[2]が刊行されてから二十年以上経ち、絵巻だけではなく、江戸時代の絵入り小説（草双紙）や浮世絵などとマンガ、アニメーションを結びつける研究も行われてきている。[3]高畑氏は同書で、次のような手法をもとに、絵巻とアニメーション的手法の関係について読みといている。

ズームイン、オーヴァラップ、クローズアップ、ダブルイメージ、同ポジ（同ポジション）、右面構図と左面構図（建物の右側面をみせるものと、その逆）、フラッシュバック、ロングショット、パンダウン（ティルト・ダウン）、結果見せ（倒叙法）

さらに高畑氏の指摘で興味深いのは、絵巻で多用される「異時同図法（異なる時間の出来事を一つの構図の中に描く手法）」がアニメーションはもちろん、漫画のコマ割り的な手法の走りであると述べている点である。四大絵巻といわれるうち、『伴大納言絵巻』（喧嘩をする二人の子どもを親が連れ戻す場面）、『信貴山縁起絵巻』（尼君が弟命蓮との再会を祈念し東大寺大仏殿を参詣する場面）における異時同図法の使用は著名であり、一人の人物を時間の流れに沿って複数回同じ画面に描く構図は、面白い発想だといえよう。

（2）浮世絵における異時同図法

浮世絵においても、異時同図法を用いた作品は確認できる。

歌舞伎の見せ場を描く役者絵の場合、前後する場面に登場する役者を同時に描く例は少なくない。これは芝居の流れを分かりやすく見せると同時に、役者絵がその時の芝居に出演している役者の顔ぶれや出番を紹介する役目も担っていたからであろう。また、一つの芝居で複数の役を演じる役者もおり、（図2）のように一人の役者の早替わりの前後の役を同じ画面に描く作品は、歌舞伎ファンにも人気だったのではないだろうか。文政四年（一八二一）七月に上演

図2　初代歌川国貞画「玉藻前御前公服」
東京都立中央図書館東京誌料文庫蔵

された『玉藻前御園公服』に取材したこの役者絵には、三代目尾上菊五郎が妖術をもって天下を乗っ取ろうとする玉藻前（実は九尾の狐、図の上部に描かれる）を演じた後に、早替わりで玉屋新兵衛（本図の向かって右側）という役で登場する二つの場面が表現されている。三代目菊五郎は美男で知られ、色男だけではなく妖怪や幽霊の役も得意とした名優である。役者絵は江戸中期以降、役者に似せた似顔絵で描かれており、この図でも妖しく空を飛ぶ狐から、粋な男性の役へと鮮やかに変化する場面の面白さだけではなく、美男の菊五郎の様子も丁寧に表現することによって、ブロマイドとしての役割も果たしているといえる。こうした役者絵を通して、鑑賞者は芝居の様子をアニメーションのように思い浮かべ、劇場を離れても舞台の興奮を再度味わうことができたのであろう。

役者絵以外で異時同図法が用いられるのは、よく知られている昔話や故事、小説の名場面などを題材にしたものが多く、特に歌川国芳の作品に秀作が認められる。幕末に活躍した国芳は、武者絵や戯画、風刺画などを得意とし、奇抜な描写を交えた作風でも人気を得た。ここで取り上げたいのは、源頼光らが大江山の酒呑童子に毒酒を飲ませて退治する、著名な場面を描いた武者絵である。三枚続として描かれた「大江山酒呑童子」（図３）は酔いつぶれた酒呑童子のまわりを、頼光とその四天王（渡辺綱、坂田金時、碓井貞光、卜部季武）、平井保昌の計六名が取り囲む構図となっている。体の大きな赤鬼である酒呑童子は、まさに人間から鬼の姿に戻ろうとしているところで、左半身は人の姿を保っているが、顔や頭の角、毛におおわれた赤い手など右半身は鬼の様子である。ここで注目したいのは、酒呑童子が右半身（本図の向かって左側）から変化している点である。貼交絵の項目でも触れるが、縦書きが一般的であった江戸時代までは、文字を読む場合と同じく絵を楽しむ際にも右から左へと目線を動かすことが多く、この図も右から左に時間が経過するように表現されているのは興味深い。異時同図法によるこの描写は、不敵な表情の酒呑童子の存在感をも強調しており、国芳の表現力の高さを物語っている。

酒呑童子の伝承では、斬られてもなお酒呑童子の首が頼光の兜にかみついたとされており、飛来する大きな首を描いた作例もみられる。そのうちの「頼光大江山入之

図３　歌川国芳画「大江山酒呑童子」　公文教育研究会蔵

図」（嘉永六年［一八五三］、三枚続）についても、異時同図法が用いられていることが藤澤紫氏によって指摘されている。(4) 右図に描かれる酒呑童子が首を斬られており、左方に飛来したその首が中央に大きく描かれるという構図で、酒呑童子は口からビームのようなものを出し、自らの本体の近くにいる頼光に攻撃を仕掛けているように見える。この図も右から左に時間が経過するように描かれており、右図から中央図に目線を移した鑑賞者が酒呑童子からの攻撃を受ける感覚も味わうことができる構図で、国芳の自由な発想と細かな計算がうかがえる。これらの図のように、一瞬の動きを一つの画面に巧みに描く作品もあれば、拙稿でも指摘したことがある『椿説弓張月』（曲亭馬琴作、葛飾北斎画の読本）の複数の場面をもとにした国芳の武者絵や、(5) 本稿で次に扱う『舌切り雀』の逸話など、登場人物や場面そのものが移り変わる逸話を一つの画面に描く作例も見られる。鑑賞者がストーリーに沿って見ていくことにより、作品の中にも時間的な流れが感じられ、臨場感を持って楽しむことができるのである。

同じく歌川国芳による（図4）「舌切すずめ」（天保期［一八三〇～四四］）は、昔話でおなじみのストーリーを九つの場面に分けて描いたもので、画中に記された番号㊀から㊈までの順に話が進んでいく。（参考図1）にその番号を大きく示しておくので、ご参照いただきたい。右下から左上に向かって、物語は次のように展開する。

図４　歌川国芳画「舌切すずめ」　公文教育研究会蔵

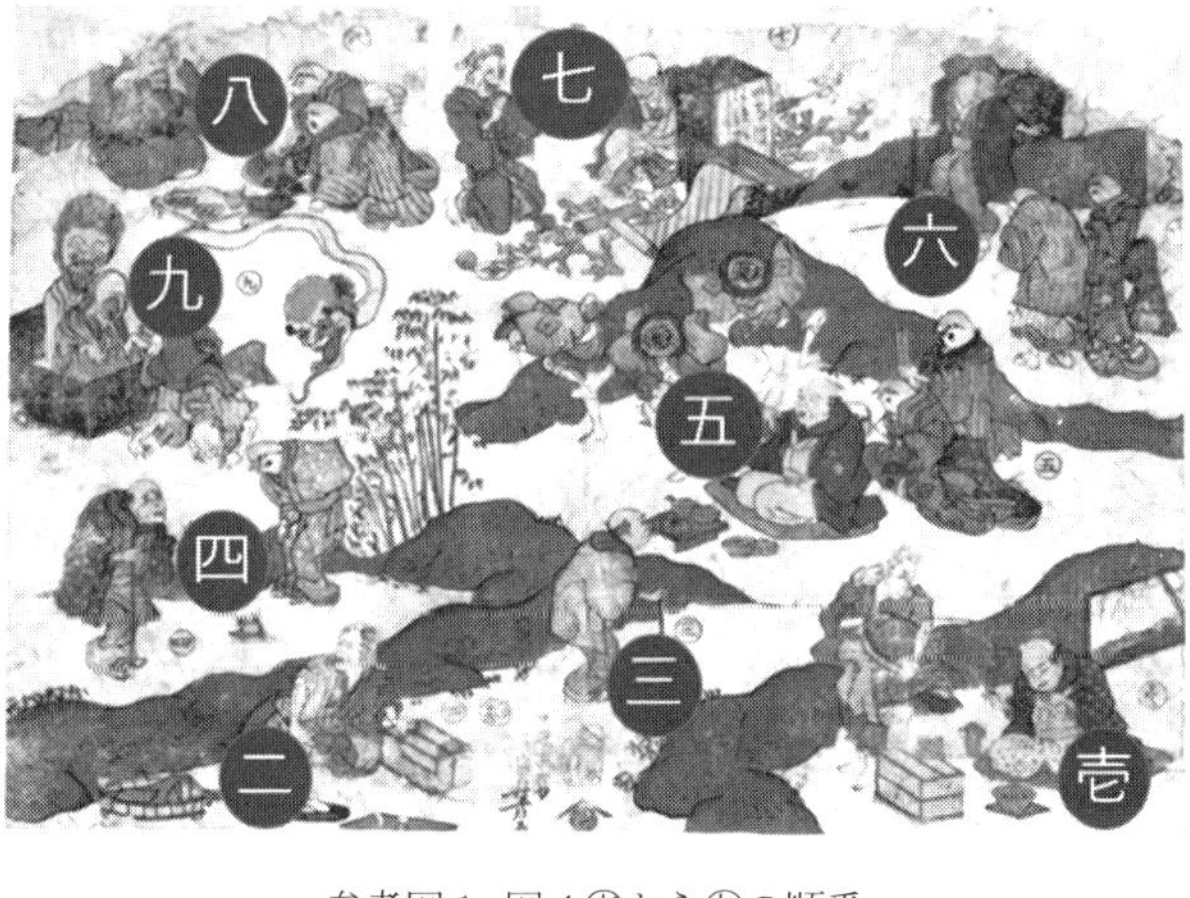

参考図１　図４壱から九の順番

㊀おじいさんが可愛がっていた雀が、おばあさんの作ったお団子を食べてしまい、㊁怒ったおばあさんが雀の舌を切る。㊂おじいさんが雀を探し歩き、㊃竹藪の中に雀のお宿を見つけ、㊄ご馳走をふるまわれ、㊅お土産に軽い葛籠をもらって帰る。㊆家に帰ったおじいさんが葛籠を開けると、金、銀、珊瑚などの宝物が出てくる。㊇もっと宝物がほしいと、おばあさんがお宿を訪ね、㊈重い葛籠を持ち帰るとお化けが飛び出しおばあさんに襲いかかる。

昔話を題材とし、物語の順序を分かりやすく示した画面構成から、本図が子供向けに描かれたことが想像される。ただこの図は昔話の『舌切り雀』の逸話が浸透していることが前提で成り立たっているといえよう。そのためか、役者絵以外に異時同図法を用いた作例はさほど多くない。先に挙げた『伴大納言絵巻』や『信貴山縁起絵巻』のように、一つの長大な物語の一部に、場面を盛り上げる工夫として異時同図法を盛り込むことはできても、浮世絵のような限られた画面にはあまり適さない手法ということだろう。だが、（図4）のように右から左へと物語を進めていく感覚は次に取り上げる貼交絵や絵双六とも共通しており、「場面をつなげて鑑賞する」場合の大きな流れを確認することができる。

（3） 貼交絵とコマの動き

浮世絵の中には、「コマ絵」と呼ばれるものがある。主となる絵（本絵）のほかに、画面の一部を短冊形や色紙形の枠で区切って絵を配したもので、一つの画面にコマ絵と本絵と別々の空間が描かれることになる。コマ絵を描いた作品には、喜多川歌麿の「絵兄弟」、歌川国芳の「絵兄弟みちびき廿四孝」「絵兄弟やさすがた」など、本絵から連想されるものをコマ絵に描くといったフォーマットで、本絵とコマ絵を兄弟のように近しい関係として描く作例のほか、コマ絵に描かれる名所から連想される人物を描き出すものなど、多彩な趣向の作例が見られる。コマ絵は、本絵の絵師の弟子など売り出し中の新人絵師が担当することもあるため、細かく鑑賞すると面白い作例に出会うことも多い。

コマ絵がさらに発展したと考えられるのが、「貼交絵」である。一図を短冊形、色紙形、団扇形、州浜形などの複数のコマで区切り、それぞれに絵を配したものである。初代歌川広重が東海道の宿場を描いた「東海道張交図会」と題した揃物（シリーズ）が著名で、広重は同タイトルの複数の揃物を別々の板元（出版社）より刊行している。[6] 東海道の揃物の多くは、一図に一つの宿場を描き五十五枚揃いで刊行されたが、貼交絵の場合、格段に少ない枚数で京都までの道のりを楽しむことができるコンパクトさも、人気を得た理由の一つであろう。ここでは嘉永元〜二年（一八四八〜四九）頃に板元の伊場屋仙三郎から出された十二枚組の揃物を取り上げ、一つの図でどのようなコマの配置をしているかを確認してみよう。

東海道の五十三の宿場と起点の日本橋、終点の京都三条大橋を合わせた五十五の場所を、十二枚に凝縮して描かれたこのシリーズは、一図を四〜五のコマ絵で区切り、それぞれに宿場（あるいは宿場から連想されるもの）を描く形で統一されている。コマ絵の順番は図によって多少の違いはあるが、鑑賞者が宿場の順にコマをたどることで、一枚の絵にも連続した空間的、時間的な流れが生じることになる。

コマ絵の順に注目すると、（図6）「原、吉原、蒲原、由井、興津」の一例をのぞき、右上に一番早い宿場が描かれており、そこから基本的には右下（左にいく場合は一例のみ）、そして左へと進むようになっている。多少上下する場合はあるものの、右上から左下へ進むという流れが想定されており、当時の鑑賞者がスムーズに宿場を目で追うことができる構成となっている。

例として（図5）「大磯、小田原、箱根、三島、沼津」をみてみよう。それぞれのコマに描かれる事物（画中に記される文字情報を「　」内に示す）の解説を（　）内に記載しておく。五つのコマ絵が描かれている（図5）は、右上に大磯（「虎御前之像」・曽我兄弟の兄、曽我十郎祐成の恋人である大磯の虎）、中央の団扇形のコマに小田原（外郎売・小田原名産の薬売り）、右下に箱根（「湯本細工」、「宮根草」）と続き、次の三嶋（「伊豆海風景」）が左上に、その下に沼津（あしたかのこま・愛鷹山に多くの野生馬が生息していた）が描かれている。その土地に伝わる伝承や名物、風景といった異なる視点での描写となっているが、それぞれを味わいながら鑑賞するのも楽しそうな一図である。

（図６）は十二図の中で唯一の例外で、右上ではなく右下から鑑賞するようになっているが、右から左への原則は保たれている。宿場の順は「原、吉原、蒲原、由井、興津」となるが、一番早い原（「竹取もの語　かくや姫」、かぐや姫の伝承が伝わる）が右下に描かれ、その上に吉原（「不二沼名産鯰鱣」）、左上に蒲原（「西行東下り」）、中央に由井

図５　初代歌川広重画「東海道張交図会　大磯、小田原、箱根、三島、沼津」　三菱ＵＦＪ銀行貨幣・浮世絵ミュージアム蔵

図６　初代歌川広重画「東海道張交図会　原、吉原、蒲原、由井、興津」三菱ＵＦＪ銀行貨幣・浮世絵ミュージアム蔵

（「くら沢名ぶつさゝゐのつほ焼」）、左下に興津（「汐濱風景」）となっている。右下から反時計回りのような形で原、吉原、蒲原と続く構成は他にはみられないもので、少々斬新に思えるが、最後が左下になるのは他図と同じである。描く対象により正方形や縦長、横長のコマなど枠の形が異なるため、単純に宿場の順に並べることが困難な場合もあるが、右から左という大まかな原則を守り、細かな部分に差異を持たせることで、十二枚を飽きずに鑑賞することが可能になるとも考えられる。幕末にこのような貼交絵形式の揃物が複数刊行されたことを考慮すると、コンパクトに旅を疑似体験したいという購入者の需要が増していたことも考えられる。これは、次節に取り上げる絵双六、道中双六にも関わる視点である。

3　絵双六のコマ割り

(1)　江戸時代の絵双六

多数のコマ割りがなされる例として、ここでは浮世絵師が作画を担当した絵双六を取り上げてみたい。

双六には盤双六（奈良時代以前に日本に伝わったとされる、現在のバックギャモンのような遊び）と、絵双六（室町時代以降に誕生した、紙面を区切りさいころの目に従って進む遊び）がある。本稿で取り上げる絵双六は、振出しから上りまで並んだマスを順にたどる「廻り双六」、それぞれのマスの指示に従って離れたマスに進むことも多い「飛び双六」、その両方を合わせた「飛び廻り双六」があり、遊び方もそれぞれに工夫がある。もともと絵双六は仏教の世界観を題材とした「浄土双六」が早い例とされ、室町時代から確認できる。江戸時代に入ると絵双六の主題は広がり、延宝期（一六七三～八一）には野郎双六、貞享・元禄期（一六八四～一七〇四）には懐中版の浄土双六や道中双六が刊行されたといい(7)、特に江戸時代後期には歌舞伎や流行のお店、名所、『百人一首』など様々な主題の双六が浮世絵師によって作画されていった。

数多くの絵双六を調査、分析した桝田静代氏は、絵双六について「絵と文字によって物事の伝達や宣伝などを広めるメディア的な特徴や、サイコロの目数と各コマに書かれた指示文によって、画面上に描き出された仮想世界を上下左右に移動することで一つの世界を疑似体験」できる機能を有するものと位置付けているが(8)、疑似体験する世界をどのように表現していくか、という点を明らかにすることは重要な問題であろう。そのためには、次に挙げるような双六の形態に加え、マス目の並べ方や遊び方を検証することが必要である。本稿では、アニメーション的手法を考えるため、よりマス同士の連続性の強い「廻り双六」を取り上げ、絵師の工夫によりどのような空間設定がなされているのか、という点について考えてみたい。

（2）道中双六と旅の疑似体験

絵双六の中でも数が多いのは、東海道を題材にした道中双六であろう。人形浄瑠璃、歌舞伎『恋女房染分手綱』の劇中でも、道中双六で遊ぶ場面が繰り広げられている。（図7）「東海道名所入新版道中雙六」のように廻り双六の形式で、右下の振出しを江戸日本橋として、品川、川崎、神奈川、と宿場の順に配して螺旋状に内側へと続き、中央の上りが京都三條大橋となる形が多い。[9]（図7）は一般的な道中双六の形式をとるが、それぞれの宿場をマスとして囲わずに、隣り合った宿

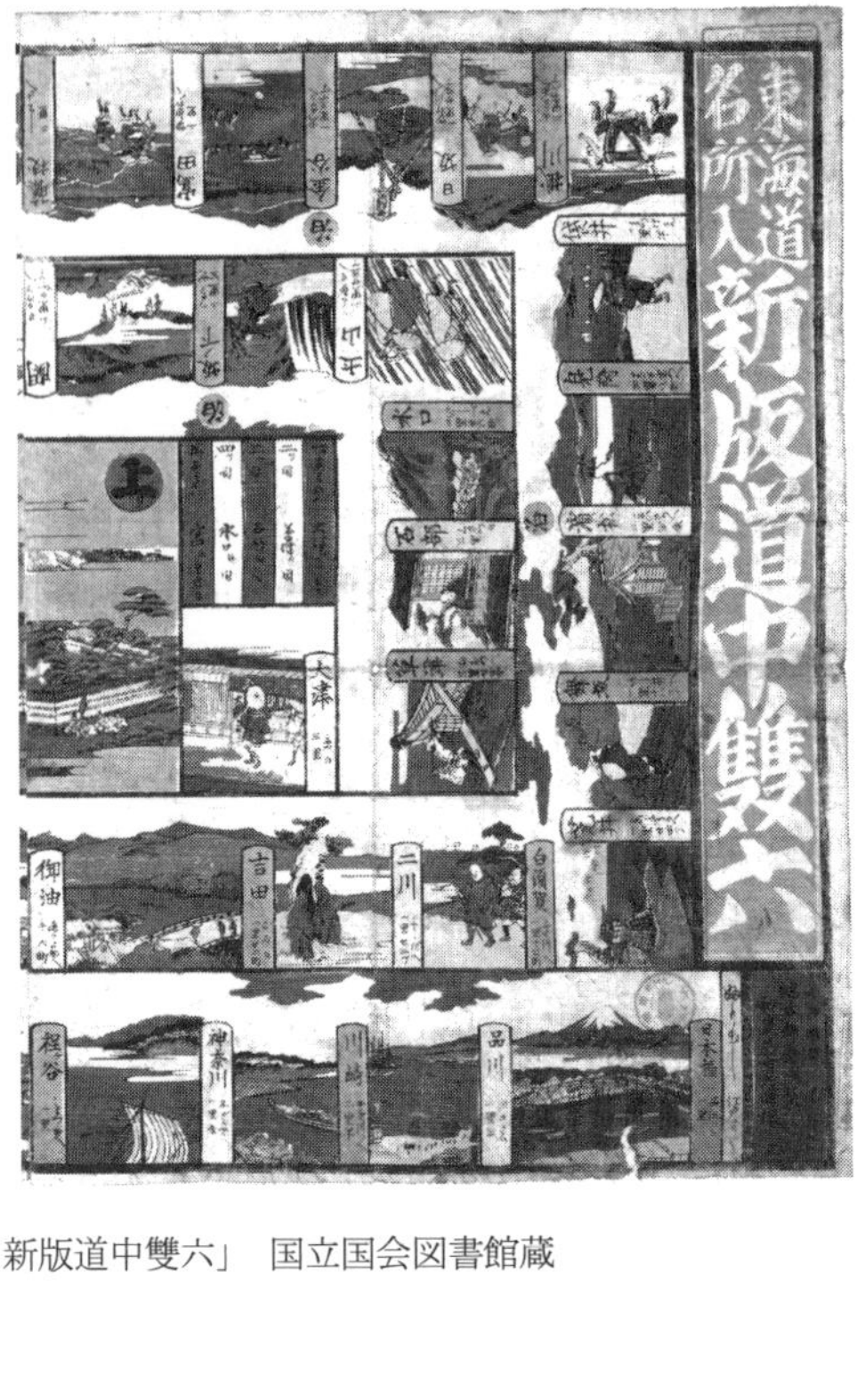

新版道中雙六」　国立国会図書館蔵

場同士の風景が途切れることなく表現されていく点に、独自の工夫がある。そしてその風景が、単にその宿場の名所（山や橋など）に留まらず、「その宿場からの眺め」という視点でも描かれるのは興味深い。例えばこの双六には複数の箇所に富士山が描かれている。振出しの日本橋、平塚（最下段の左から三つ目の宿場）といった富士見の名所には、そこからの眺めとして遠方に小さく描かれる一方、最下段から左に進み、富士山が殊に近い原や吉原の宿場には、目の前に見える堂々とした富士山が配されているのである。旅人目線を意識したこの双六は、より深く旅を疑似体験できるものではないだろうか。

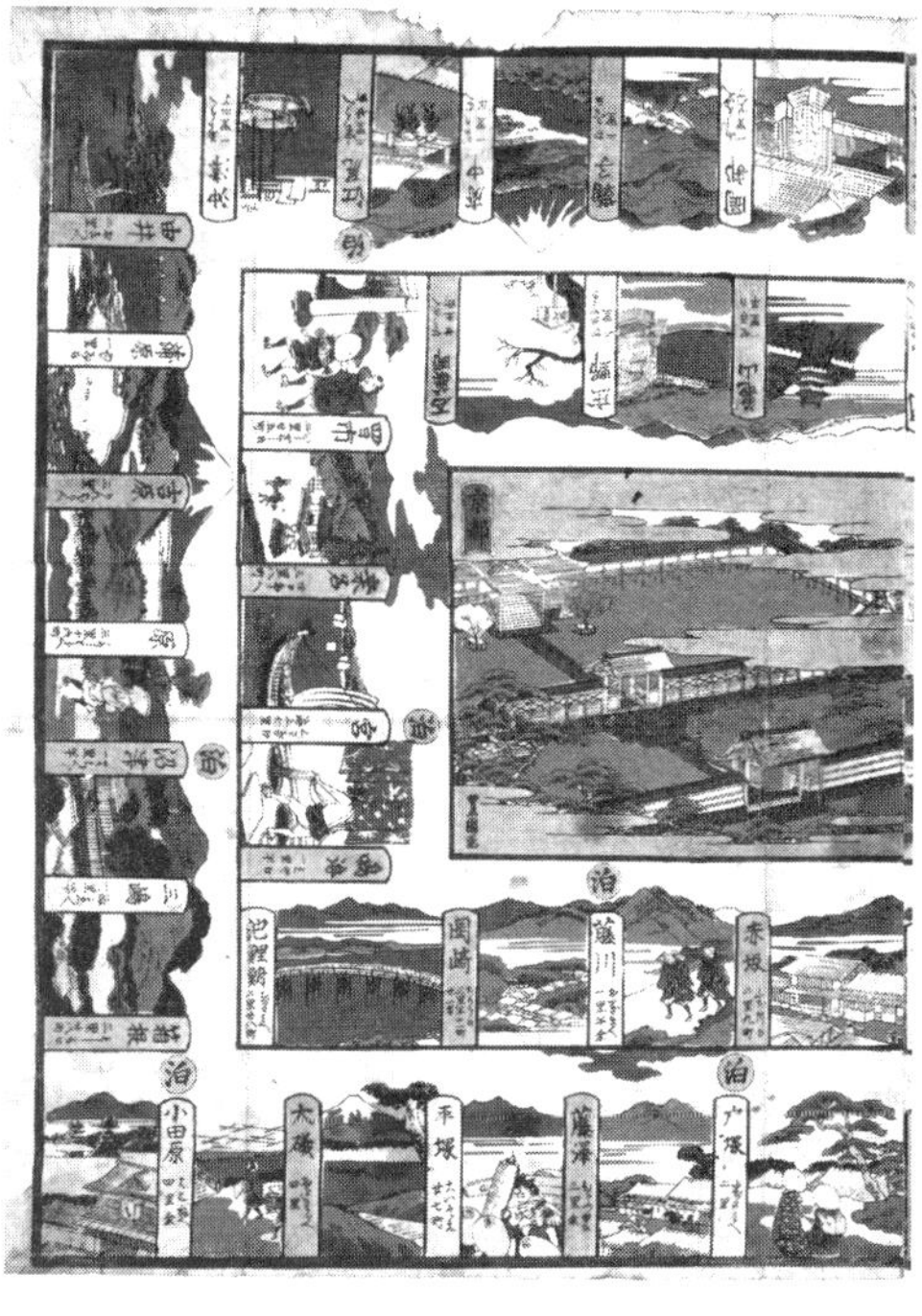

図７　初代歌川豊国画「東海道名所入

東海道を題材にした作品でも、安政四年（一八五七）刊行の初代歌川広重画（図8）「参宮上京道中一覧雙六」は、かなり独創的な空間の取り方をしている作品である。個々のマスはなく、右下日本橋から品川、川崎、神奈川と海道が続く構図で、画面左下の外側に広がる海には浦賀、鎌倉などの地名もみえる。大山や富士山などを楽しみながら左上に到着すると海道画面中央を

一覧雙六」 国立国会図書館蔵

図８　歌川広重画「参宮上京道中

下がるように伸び、さらに右上へと続いていく。実際の地理的な位置関係を無視したものではあるが、一つの画面に東海道をおさめようという発想は面白い。右下の宮の宿で一度、海道が途切れるのは、「七里の渡し」といって宮から次の桑名まで船で渡るためである。桑名の次の四日市の宿場では伊勢神宮への参道への道が分岐しており、この双六でも四日市から左に向かう道は山田、外宮などを通って伊勢神宮の内宮へと続き（内宮は上りのマスにもなっている）、右に向かう東海道は終点の京都に御所が描かれ、こちらも上りとなる。宿場ごとの名物を描く内容ではないが、一枚の画面に俯瞰的に東海道を描き、富士山など周辺の名所も盛り込んでいくことで、東海道を旅する感覚を味わうことができる作品である。

（3）　絵双六におけるマスの配置と遊び方の工夫

道中双六以外にも名所や旅を題材にした絵双六は多くあるが、中でもマスの配置に気を配り、隣り合うマス同士を行き来することで、連続性を味わうことができるよう配慮された作品を二点紹介しよう。

葛飾北斎画（図9）「鎌倉　江ノ嶋　大山　新板往來雙六」は、江戸日本橋を出発し、東海道から相州（現在の神奈川県）の人気スポットをめぐるもので、タイトルにもあるように鎌倉、江ノ嶋、大山を目指し、帰りは別ルートで江戸に戻るというものである。それぞれのマスに描かれる地名を挙げておこう。

壹　日本橋／二　品川／三　大森／四　川嵜／五　鶴見／六　神奈川／七　同臺ヨリ本牧

をのぞむ圖／八　程ヶ谷　泊／九　戸塚／十　同驛／十一　倉田　長沼　飯嶋／十二　大道　笠間／十三　粟船／十四　小袋谷　市場／十五　山の内／十六　圓覺寺／十七　建長寺／十八　巨福呂坂／十九　鶴ヶ岡／二十　雪の下　泊／廿一　琵琶小路／廿二　稲瀬川／廿三　深澤／廿四　長谷／廿五　星月夜の井／廿六　極樂寺／廿七　針磨橋／廿八　稲村／廿九　七里ヶ濱／三十　腰越／三十一　江の嶋　泊／三十二　固瀬／三十三　藤澤／三十四　四ッ谷／三十五　一の宮／三十六　田村／三十七　伊勢原／三十八　大山　泊／三十九　粕谷／四十　愛甲／四十一　厚木／四十二　川原口／四十三　鶴間の原／四十四　鶴間宿　泊／四十五　長津田／四十六　谷本／四十七　荏田／四十八　馬絹／四十九　溝ノ口　泊／五十　二タ子／五十一　三軒茶屋／五十二　渋谷

具体的なマスの進み方は（参考図2）に示した通りだが、その進む道筋が面白い。右下の振出しは東海道の起点である日本橋で、左に向けて進む。その後は上方向に進んでいくが、右の二列の部分は全く通らずに上までいくのである。上段から二段目の左、大きなマスに描かれるのが（三十八）大山で、その後江戸への帰路が最上段を右に進み、さらに（四十三）から下へと下る形になっている。この帰りのルートは、大山詣でをする際によく用いられた大山道（現

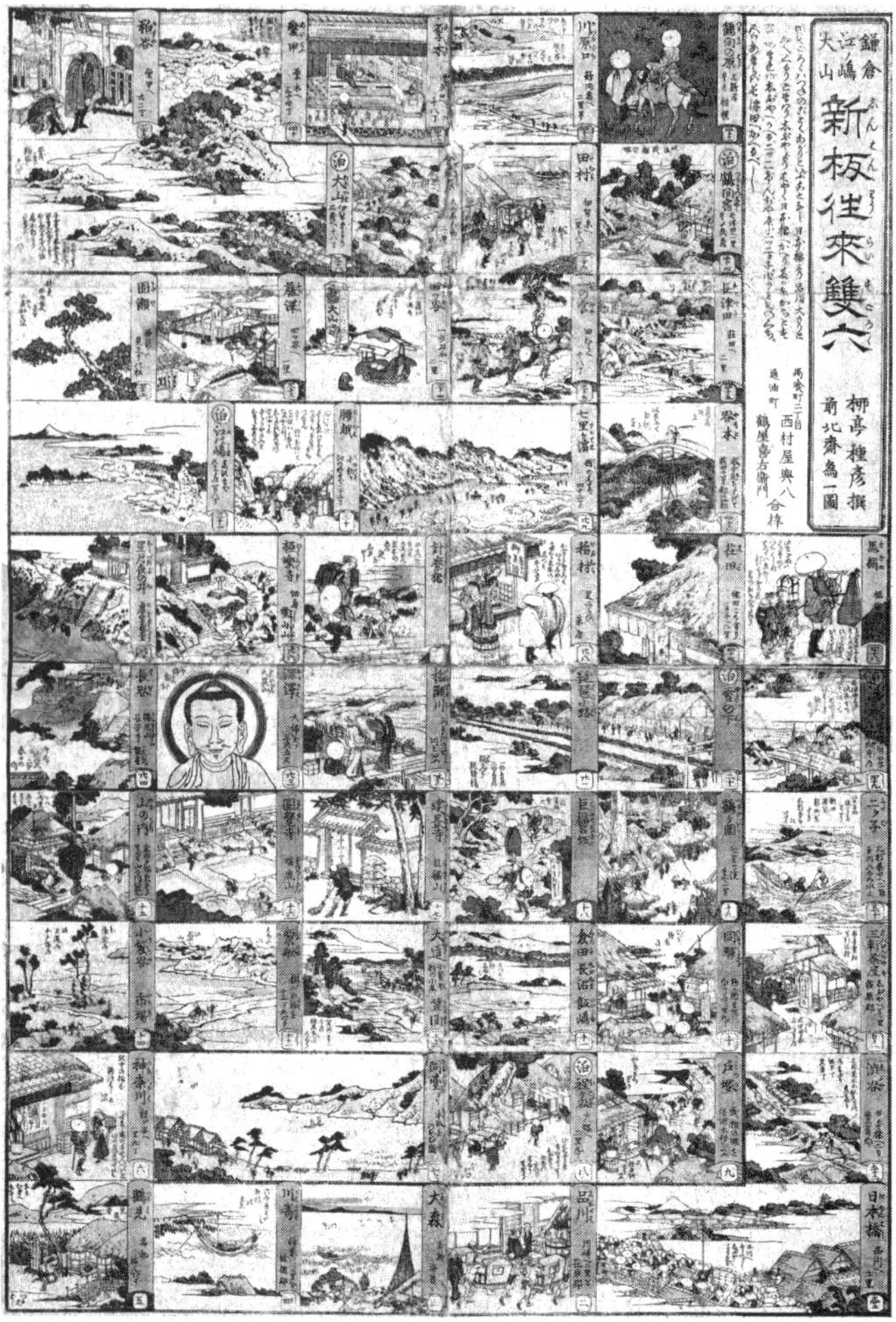

図９ 葛飾北斎画「鎌倉江ノ嶋大山新板往來雙六」
東京都立中央図書館東京誌料文庫蔵

在の国道二四六号とほぼ同じ）であり、行きと帰りで異なる道を通る点に加え、江戸へと一直線に戻るかのようなマスの使い方にも工夫が見られる。

次に紹介する（図10）「江戸名所花見雙六」は江戸の花見の名所を取り上げたもので、マスの順にたどっていくと、江戸の町の花見を疑似体験できるものとなっている。右側に記載される詞書（説明文）に、「この双六は上りもふりだしと同所なれば　にほんばしより右のかたへ糸引にならいて順にまわり　左のかたより日本橋へもどりて上りなり」とあるように、中央のマス「日本橋」が振出しと同時に上りのマスにもなっているのは面白い。「糸引にならいて」とあるように、マスに引かれた二重線をたどるように進む道筋は（参考図2）のような形になり、右から左にかけて進みながら日本橋に戻ってくることになる。順番に、各マスの地名と括弧内に花見の花などを示しておこう。

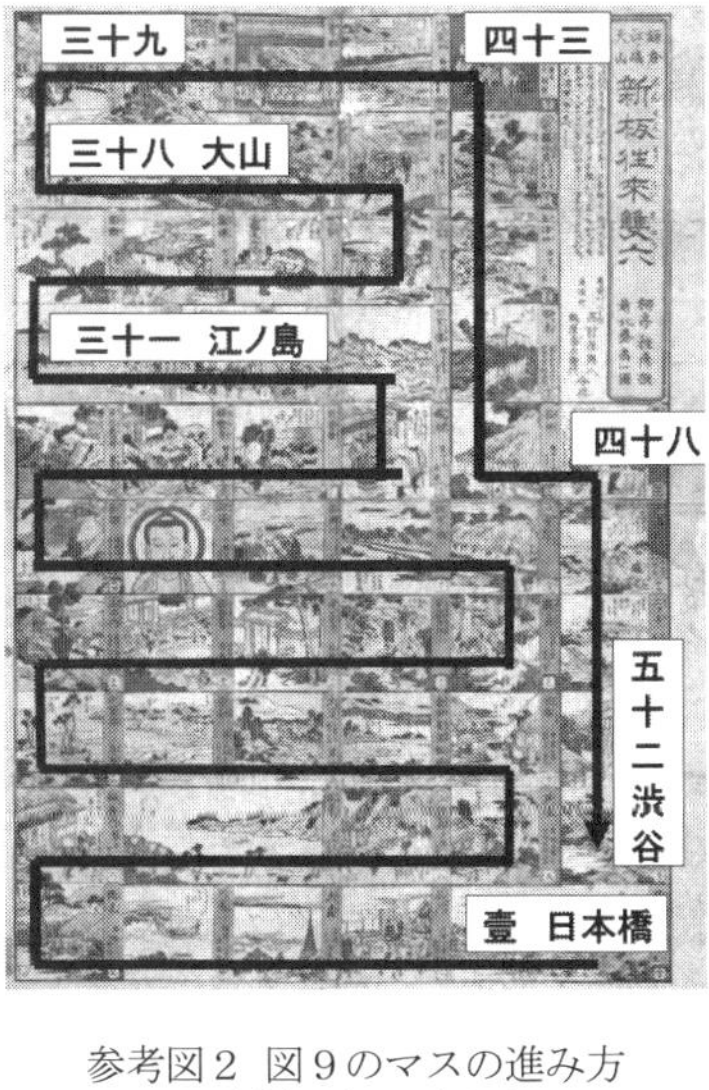

参考図２　図９のマスの進み方
１日本橋から52渋谷まで

日本橋（ふり出し）→つきぢ門ぜき（築地本願寺・桜）→佃住吉の藤（藤）→砂村元八幡（桜）→深川八幡奥山（桜）→亀戸天神の藤（藤）→亀戸臥龍梅（梅）→吾嬬の森（桜）→隅田堤（桜）→向嶋秋葉の山（桜）→向嶋花屋敷（梅）→隅田川木母寺（桜）→今戸梅屋敷（梅）→新吉原（桜）→浅艸奥山（桜）→上野（寛永寺・桜）→谷中天王寺（桜）→日暮里（桜）→道灌山（桜）→飛鳥山（桜）→王子権現（桜）→王子瀧の川（桜）→小金井堤（桜）→四ッ谷梅屋敷（梅）→青山新日暮（仙寿院・桜）→御てん山（桜）→大森梅屋敷（梅）→大師河原桃園（桃）→芝愛宕山（桜）→日本橋（上り）

圧倒的に桜の名所が多く、王子瀧の川（現東京都北区）か

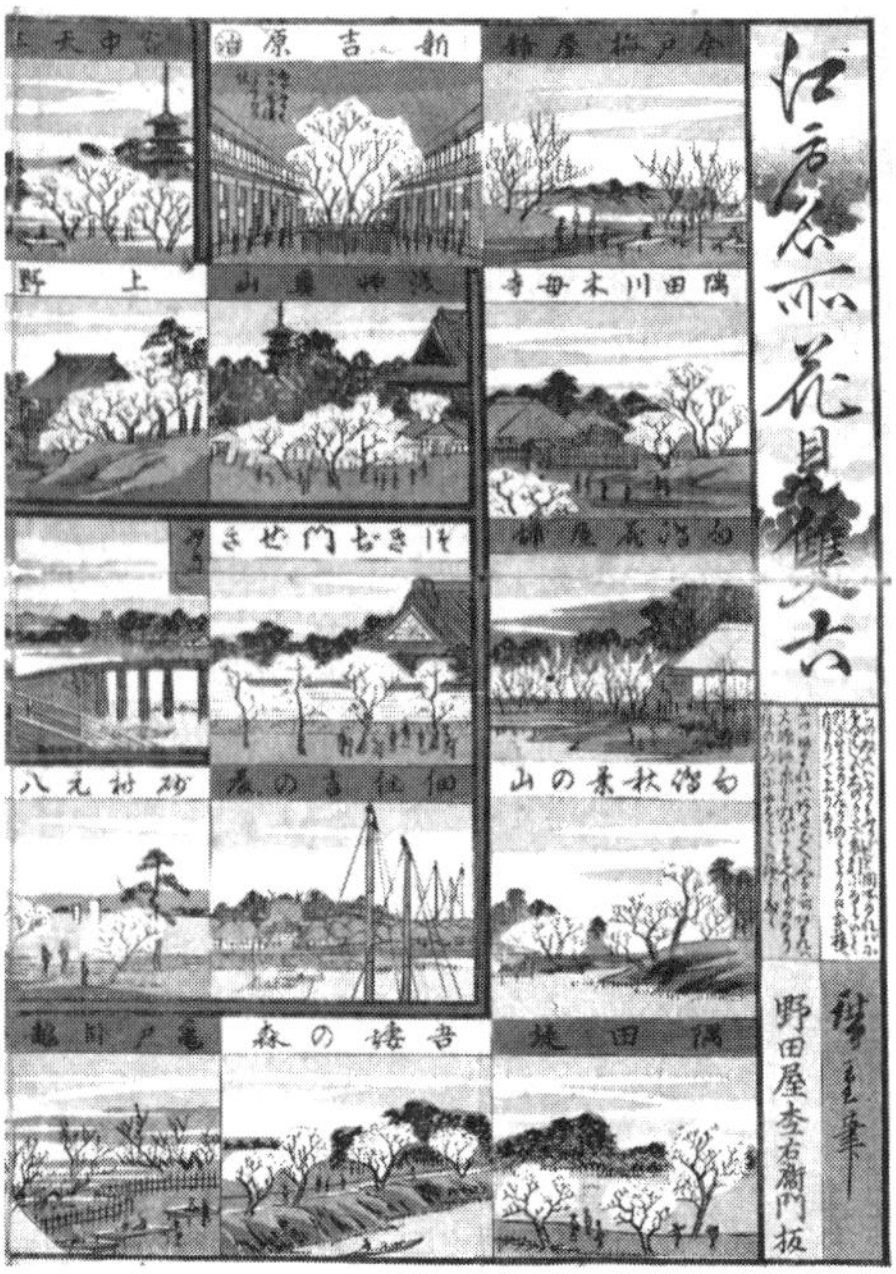

花見雙六」 品川区品川歴史館蔵

ら小金井堤（現東京都小金井市、玉川上水沿いの堤）、そして四ッ谷へと続く部分には距離的な隔たりがあるものの、基本的には地理的に近い並びで描かれ、実際に花見をしながら江戸の町をたどるかのようになっているのは、この双六の特徴であろう。

なお、この双六には遊び方に関する詞書も記載される。他の廻り双六とも共通する決まりだが、「一つあまれはあたごへかへる　二つあまれは大師河原と順にかそへもどるなり」とあるように、最後はサイコロの目がちょうどの数でなければ上ることができない。また「休のかづは小書をよく御読被成候」とあり、何箇所かの休みのマスに関しても注意を促している。「泊」と記載される「新吉原」は「雨がふりて二日居続　二夕まわり休」、「小金井堤」は「道遠ければ一夜どまりのはなみ」、品

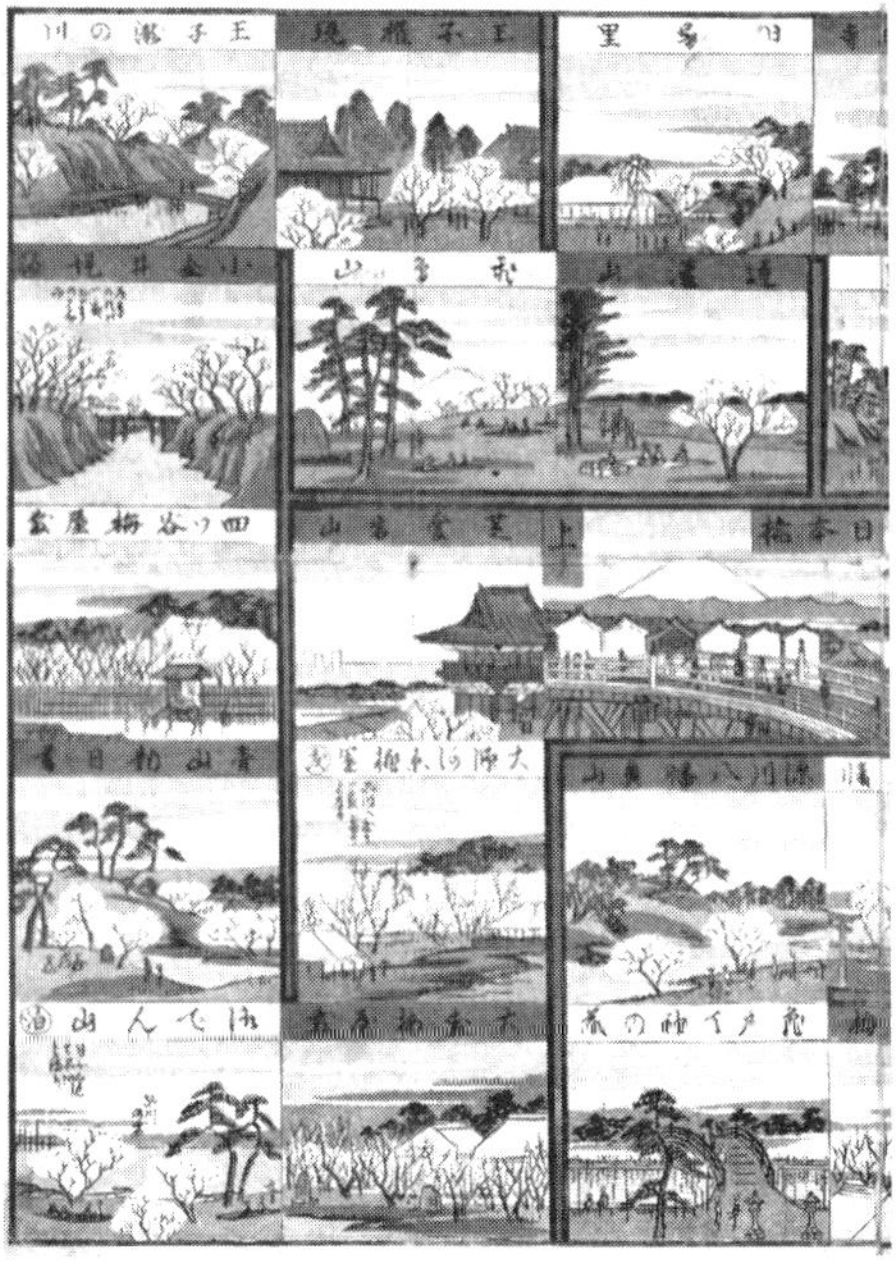

図10 初代歌川広重画「江戸名所

川は「日がくれて品川とまり」との記載がある。また「戻」の指示がある「大師河原桃園」のマスには「品川へ戻り一夜どまりとなる」とあり、なかなか上がることができない状況が作り出されている。「泊」が吉原遊廓や遠方の名所に設定されるのは自然であり、さまざまな名所を思い浮かべながら遊ぶことができるのもこの作品の特徴である。

絵双六はさいころの目に従って進む遊びであるが、様々な作品を通じて感じることは、双六そのものが一枚の「作品」であり、遊ばずに鑑賞するだけでも楽しめるということだ。今回はその要素が強い作品を取り上げたが、旅や花見を疑似体験できるこうした作品の根底には、作品の世界を作り上げるために、連続する空間の表現に力を注いだ絵師や板元の努力があったのである。

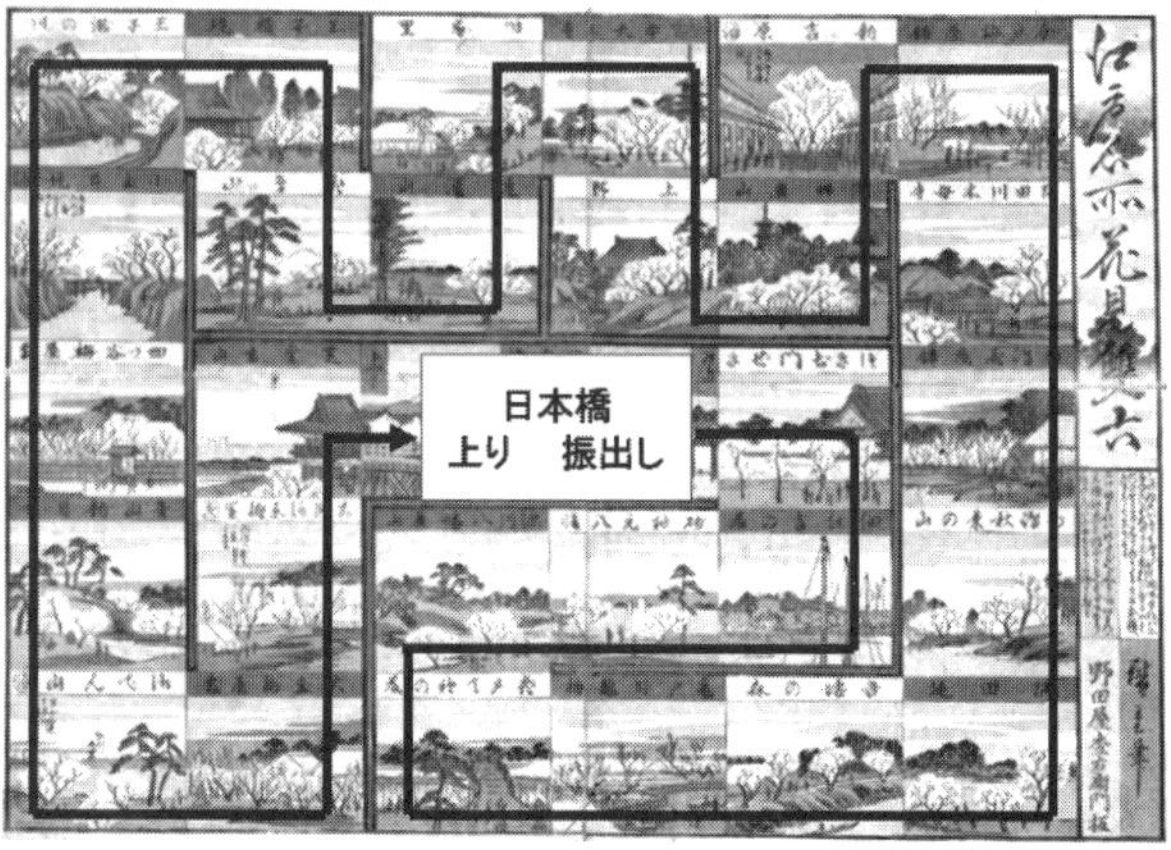

参考図3 図10のマスの進み方 中央が日本橋

4　江戸時代の小説挿絵における連続性

(1)　漫画の元祖「黄表紙」

出版文化が花開いた江戸時代は、様々な形態の小説が流行した時代でもある。早くは上方で啓蒙的な内容を含む仮名草子、享楽的な世の中を描き出した浮世草子などの小説が登場したが、江戸では草双紙と呼ばれる、絵を中心とした婦女子向けの読み物が人気を博した。表紙の色によって赤本、黒本、青本、黄表紙と発展していくが、魔除けの色である赤を表紙とした赤本は、子ども向けの昔話などを題材にしたものが主流で、遊廓の話題なども取り上げる黄表紙にいたると、読者の対象は成人男性にも向けられていく。黄表紙はよく「漫画の元祖」と称され、現代の漫画を語る時に引き合いに出されることも多いが、[10]本稿では黄表紙とは別形態の小説、読本の挿絵について取り上げてみたい。

(2)　読本『新累解脱物語』の挿絵――自在に動く幽霊

読本は、文字通りに「読む」ことを主とした小説の形態で、早くは上方で上田秋成の『雨月物語』『春雨物語』などが人気を博した。江戸では曲亭馬琴の『椿説弓張月』や『南総里見八犬伝』をはじめ、山東京伝、柳亭種彦などの作品も広く読まれた。読本の場合、口絵と呼ばれる巻頭挿絵（登場人物の紹介がなされる場合が多い）のほか、数丁に一図の割合で挿絵が入る。基本的に挿絵には文章が入らず、登場人物名や簡単な表題が記載される程度であり、読者に文章以上のインパクトを与えることも期待された。挿絵は葛飾北斎をはじめとする浮世絵師が担当し、作者の指示をもとに作画を行ったが、絵師独自の表現の工夫も盛り込まれた。特に北斎の挿絵は物語をビジュアル化するだけでなく、独立した絵画としても見ごたえのある作品が多い。ここでは、葛飾北斎が挿絵を担当した『新累解脱物語』、『霜夜星』の二作品の挿絵を取り上げ、挿絵の効果について論じていく。(11)

読本『新累解脱物語』（文化四年［一八〇七］刊）は、累という女性の怨霊を祐天上人が除霊した『死霊解脱物語聞書』（元禄三年［一六九〇］刊）の仮名草子をもとに、「その奇を増せ」と板元が曲亭馬琴に要請し、執筆されたといわれる作品で、作画は葛飾北斎が担当している。殺害場面や怪異現象などを描いた北斎の挿絵にも見るべきものがある。

羽生村の与左衛門の娘、累は、父が殺した田毎姫の祟りで顔が醜く変わってしまう。累の夫となった与右衛門は、旧主の愛妾で悪女の苧績《おうみ》に報復しようとして誤って累を殺害、苧績の策略によって夫婦となる。右衛門と苧績の娘、さくの膝には人面瘡ができ、その顔が累や珠鶏《すけ》

（累の父与左衛門が自殺に追い込んだ女性）に変わるという怪異により、苧績が狂死する場面（図11）には興味深い描写が多い。

まず目につくのは、平安時代の絵巻などによく見られる、天井や屋根を取り去った状態で俯瞰的に室内を描く「吹抜屋台」の手法が用いられていることだ。複数の室内での出来事を同時に表現できるため、右の部屋で体を折り曲げて狂死する苧績の姿、左の部屋で、娘さくの人面瘡から発せられた毒気に当てられて百万遍の祈禱をしている人々が飛びのく様子などが、丁寧に描かれている。また、苧績の体から抜け出た魂が累の顔に変わり、左の部

図11 曲亭馬琴作、葛飾北斎画『新累解脱物語』 立命館大学蔵

屋まで浮遊している描写は、吹抜屋台ならではの臨場感を醸し出している。こうした異時同図法にも通じる、漫画のコマ割りのような表現は、草双紙とは異なり、基本的に挿絵の数が限られ、一図完結が求められる読本に適したものといえるだろう。

(3)　読本『霜夜星』の挿絵 ――「めくる」ことで味わう場面の連続性

だが、通常数丁に一図の割合で挿絵が掲載されることが多い読本でも、複数の挿絵を連続して配する作例が確認できる。その挿絵が、あたかもアニメーションを見ているように効果的に配置された作品がある。柳亭種彦作、葛飾北斎画の読本『霜夜星』(文化五年［一八〇八］刊)である。

歌舞伎『東海道四谷怪談』でおなじみのお岩(本作では、おさわ)の巷説や、それをもとにした『四谷雑談』をふまえた内容となっている。おさわが歓次という男性に騙され、夫の伊兵衛に虐待されて亡くなり、幽霊となってそれぞれに恨みを晴らすのだが、その工夫の凝らした描写は物語を盛り上げる効果を上げている。

(図12・13)は、伊兵衛の前に現れたおさわの怨霊が、歓次の首を残して空へと消えていく場面で、伊兵衛がおさわに向けて鉄砲を撃つ場面の様子が(図12)に描かれている。この場面の前後には、このような文章がある（括弧内は筆者による補足、また①と②の文章の間に（図12・13）が掲載される）。

①（伊兵衛が）床《とこ》の間《ま》にありし小手銃《たねがしま》をとり。薬《くすり》づゝになし。澤子《さはご》（おさわのこと）をめがけ撞《どう》と打《うて》ば。不思議《ふしぎ》や空中《くうちう》に車《くるま》の輾《きぢる》おとなして。澤子《さはご》がすがたは見へず。地上《ちしょう》よりも鬼火《あをきひ》はつともえ出《いで》ぬ。すはやとたちより見るに地錦《つたかつら》の朱《あけ》なるが風《かぜ》にうごめくのみ。夫《それ》とおもはんものもなく。只襟《たゞえり》のあたりへ斑々《ばらばら》と水《みづ》のかゝりしかば。木々《きゞ》の葉末《はずゑ》のしづくにやと。手《て》にうつし。燈下《とうか》へさし出《いだ》し見るに。鮮血《なまち》なり。すはいかにもと驚《おどろ》くおり。撞《どう》と音《おん》して縁先《えんさき》へおつるものあり。たちより見れば思《おも》ひきや。

②往年仲人《いぬるとしなかだち》したる歓次《くはんじ》が鮮首《なまくび》。眼《め》は半《なか》ばひらひて死《し》もやらず。水《みづ》をのむ魚《うほ》のごとく。口《くち》をうごめかして居《ゐ》たり。

文章もなかなかに恐ろしいが、挿絵にはこの場面をさらに実感できる工夫が盛り込まれている。①の文章を読む限り、おさわが縁先に落としたものの正体は述べられていないが、ページをめくると（図12）には縁先にかじりつく歓次の生首が描かれ、読者は文章を読む前にその事実を自らの目で知ることになる。肝心のおさわ自身もここには描かれていないが、鉄砲の振動により、屋根の瓦がスローモーションのように落ちてくる描写はこの挿絵に動きを与え、さらに鉄砲から放たれた弾の軌道が描かれる点など、見どころの多い挿絵となっている。この挿絵をめくると（図13）でようやくおさわの様子が描かれるが、前の丁の鉄砲の軌道が引き続き右側に描かれており、（図12）との時間、空間の連動が見事に表現されている。「めくる」という動作を行なった鑑賞者自身が、このアニメーションの効果を作り出すことになるという仕掛けだ。本文に「車《くるま》の輾《きしる》おとなして」とあるよ

図12 柳亭種彦作、葛飾北斎画『霜夜星』 早稲田大学図書館蔵

うに、おさわは何か車のようなものに乗っているが、その車輪とおさわの周りの空気の渦のような描写が呼応しているのも、印象的である。幽霊は思いがけないところに現れ、怪異はどの瞬間にも起きうる。そうした物語の面白さを、挿絵がさらに膨らませている。鑑賞者がページをめくって読み進めるという、当たり前の動作をするだけで、この臨場感を味わうことができるのは、絵師の北斎、そして作者の種彦が、アニメーションのような効果を十分に狙って工夫をした結果である。

『霜夜星』には、この例以外にも挿絵が連動して描かれる箇所が複数見られるが、『昔話稲妻表紙』（山東京伝作、初代歌

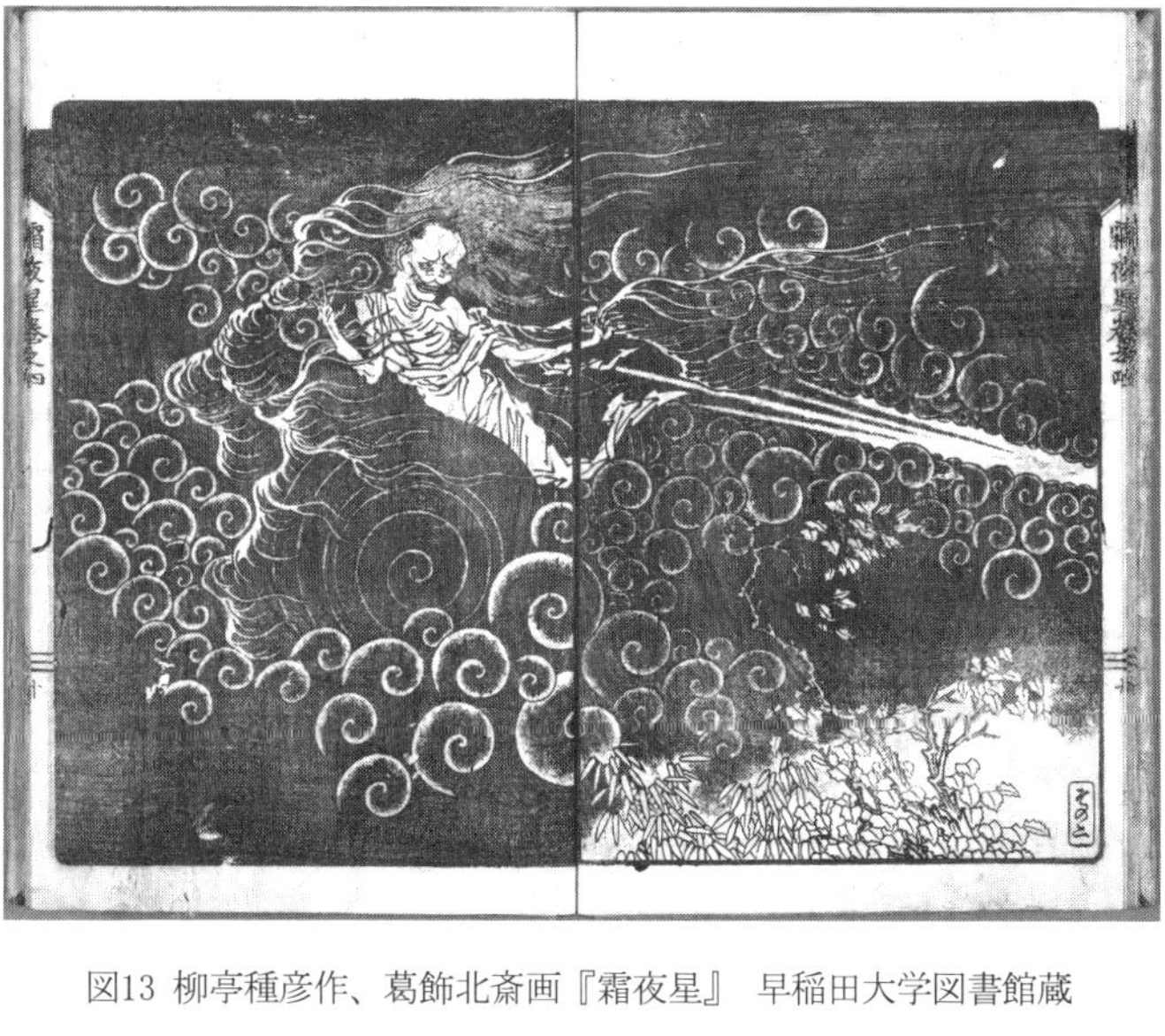

図13　柳亭種彦作、葛飾北斎画『霜夜星』　早稲田大学図書館蔵

川豊国画、文化三年［一八〇六］刊、生首をくわえて歩く犬の姿が次丁の挿絵に続く）、『浅間嶽面影草紙』（柳亭種彦作、蘭斎北崇画、文化六年［一八〇九］刊、天井に続く血染めの幽霊の足跡が、三丁にわたって描かれる）などの作品にも同様の例が認められる。挿絵を効果的に見せる工夫は、本作りそのものの重要な課題であり、絵師のみならず作者、出版社である板元の取り組み方をも浮き彫りにするものである。

本稿では、浮世絵における異時同図法、貼交絵や絵双六のコマやマスの取り方、読本の挿絵における工夫について取り上げてきた。冒頭で取り上げた写し絵は、多くの登場人物が複雑なストーリーを見せるような形ではないものの、アニメーションの要素を持ち、自在に動くキャラクターが人気を博した。一方で、浮世絵や双六などの平面の作品に、時間や空間を表現することには制約がともなうはずであるが、さまざまな発想でその制約を最小限にとどめている様子が確認できた。絵双六であればさいころの数に従ってマスを進むという動き、小説であればそれをめくるという動き、それらを意識することで、アニメーション的な見え方を体験するという手法を突き詰めていったのではないだろうか。江戸の人々は、自らの手で絵を楽しみ、双六で遊び、本を読み、豊かな文化を享受していたのである。

注

（1）この絵が作成された慶応三年は生活必需品の高騰が社会問題となっており、その様子がこの絵にも反映されている。スクリーンに映る人間は、すべて顔の部分が当時の生活必需品を表すもので描かれ、かつ物価の高い順に並べられている。一群の先頭の米俵（米）、酒樽（酒）は、当時もっとも物価が高騰したものであった。

（2）高畑勲『十二世紀のアニメーション―国宝絵巻物に見る映画的・アニメ的なるもの』徳間書店　一九九九年。以下、高畑氏論は本書による。

（3）藤澤茜「浮世絵の手法―アニメ・マンガへの継承」（『ＧＹＲＯＳ』一〇号　二〇〇五年）、藤澤茜『浮世絵が創った江戸文化』（笠間書院　二〇一三年）。浮世絵に見るマンガ的手法として、こま絵、せりふ入り、フキダシ、人物の描き分け、アニメーション的手法として連続の意識（シリーズ物）、異時同図法について論じた。

（4）藤澤紫「新出の「酒呑童子絵巻」と国際交流―ジャパニーズ・アニメーションとコミックの源流―」（『國學院大學紀要』第四八巻　國學院大學　二〇一〇年二月）、藤澤紫「絵巻―ジャパニーズ・アニメーションとコミックの源流」（"PORTI DI MAGNIN" 六九号　二〇〇九年九月、イタリア語にて掲載）。

（5）拙稿（注3文献）において、『椿説弓張月』の主人公の源為朝の一行が嵐に遭い、讃岐院（崇徳院）の遣わした天狗たちに助けられるという場面に取材し、複数の読本の挿絵をもとにして描かれた国芳の二作品（「肥後海水俣の海上にて為朝難風に遭　舟くつがへらんとしたりし時讃岐の院の冥助により高間ふうふの一念鮫にのりうつりて舜天丸紀平二をすくふ」、「讃岐院眷属をして為朝をすくふ図」）に関する考察を行った。

（6）　本稿で取り上げた揃物以外には、嘉永五年（一八五二）に和泉屋市兵衛より刊行されたもの、安政三年（一八五六）に山口屋藤兵衛より刊行されたものが確認できる。

（7）　桝田静代『絵双六―その起源と庶民文化』京阪奈情報教育出版株式会社　二〇一四年。なお、本書のほかに絵双六に関しては次の文献を参照した。

・山本正勝『双六遊美』芸艸堂　一九八八年

・加藤康子・松村倫子編著『幕末・明治の絵双六』国書刊行会　二〇〇二年

・桝田静代『絵双六―もうひとつの楽しみ方』京阪奈情報教育出版　二〇一八年

・岩城紀子「出世双六の変化―幕末から明治へ―」『風俗』第三二巻第三号　日本風俗史学会　一九九四年五月。

・曽我麻佐子・北村隆二・芝公仁・鈴木卓治「江戸すごろくのデジタル化とインタラクティブシステムの開発」『じんもんこん2016 論文集』情報処理学会　二〇一六年十二月

岩城氏論文では、価値観が変化すると絵双六の構成にも変化が起こるという指摘があり、曽我氏ほかの論文では絵双六をデジタル化したインタラクティブシステム（実物の盤とサイコロを使いながら、コンピュータを用いてゲームを電子的に進行できる）も開発について報告されるなど、様々なアプローチで双六の研究が行われている。

（8）（注7）桝田氏文献。

(9)　なお、落合芳幾画「東海道宿々名所名物寄俳優芸道細見図」(安政二年〔一八五五〕刊行、振出しが「大坂八軒家」、上りが「江戸日本橋」)のように、京阪から江戸を目指す形の絵双六も確認できる。

(10)　黄表紙などの草双紙と称される絵を中心とした婦女子向けの読み物は、しばしば「マンガの元祖」とも称されるが、髙林美央氏により、西洋の中世美術にも、コマ割りやフキダシといった技法の片鱗が見られる西洋の中世美術があること、そしてそれらが幕末から明治期にかけて日本の漫画の土壌となるような文化と融合、発展して現在のストーリーマンガに連なっているとの指摘がなされている(「漫画技法を活用した美術作品の鑑賞―漫画の歴史から中世美術「キコティッサの聖母」の実践を通して―」『美術教育学』三九号　美術家教育学会　二〇一八年三月)。

(11)　『新累解脱物語』『霜夜星』の挿絵に関する解説については、鈴木重三・辻惟雄他編『北斎讀本挿繪集成』(全五巻　美術出版社　一九七一～七三年)、辻惟雄『奇想の江戸挿絵』(集英社新書ビジュアル版　二〇〇八年、図版解説等は筆者が担当)を参照した。

図版

図1　三代歌川広重画「流行浮世の寫繪」　味の素食の文化センター蔵　画像提供：味の素食の文化センター/DNPartcom

図2　初代歌川国貞画「玉藻前御前公服」　東京都立中央図書館東京誌料文庫蔵

図3 歌川国芳画「大江山酒呑童子」 公文教育研究会蔵
図4 歌川国芳画「舌切すずめ」 公文教育研究会蔵
図5 初代歌川広重画「東海道張交図会 大磯、小田原、箱根、三島、沼津」 三菱ＵＦＪ銀行貨幣・浮世絵ミュージアム蔵
図6 初代歌川広重画「東海道張交図会 原、吉原、蒲原、由井、興津」 三菱ＵＦＪ銀行貨幣・浮世絵ミュージアム蔵
図7 初代歌川豊国画「東海道名所入新版道中雙六」 国立国会図書館蔵
図8 歌川広重画「参宮上京道中一覧雙六」 国立国会図書館蔵
図9 葛飾北斎画「鎌倉江ノ嶋大山新板往來雙六」 東京都立中央図書館東京誌料文庫蔵
図10 初代歌川広重画「江戸名所花見雙六」 品川区品川歴史館蔵
図11 曲亭馬琴作、葛飾北斎画『新累解脱物語』 立命館大学蔵
図12 柳亭種彦作、葛飾北斎画『霜夜星』 早稲田大学図書館蔵
図13 柳亭種彦作、葛飾北斎画『霜夜星』 早稲田大学図書館蔵

アニメにみる女神信仰

田口章子

はじめに

アニメの中の女性はどのような役割を果たしているのか。西欧における近代合理主義の思想やポスト近代の思想による視点ではない、日本人の女神《じょしん》信仰を起源に持つ「女性の霊性」という視点でとらえ、古代から一貫して持ち続けてきた女神信仰が、アニメにも流れ込んでいることを確認する。

1　先行研究とは違う視点

（1）　従来説の共通点

日本のアニメの女性主人公についてこれまでどのようなことがいわれているのか。研究成果を概観してみよう。従来説における共通点がみえてくる。おもなものを箇条書きにしながら列挙してみる。

○女の子は優しくてかわいい存在としての女性像。

子ども向けテレビ・アニメ番組にあらわれたジェンダーの問題について論じたもの。男性は「強い」「たくましい」「能動的」、女性は「かわいい」「やさしい」「受動的」といった、ステレオタイプ的な描写が多い。(1)

○少女漫画のテーマは、少女たちの性的自己確認。

女性としての性的アイデンティティを求めて自らを探求し、自己主張してきた。(2)

○少女物に属するアニメに「魔法」や「変身」といった非日常的要素がもりこまれているのは、普通の女の子が現実に目を向け、自分の存在意義と対峙するため。(3)

○女主人公ウテナが「少女」「革命」であるのは、自分自身の輪郭をみきわめ、自分とは何かを突き詰めるため。

男装した女子中学生天上ウテナを主人公にした『少女革命ウテナ』を論じたもので、ウテナの男装は男に象徴される自立と知性と力を女が兼ね備えること、つまり社会通念としての男女の役割（ジェンダーロール）の転向を意味する。主人公が「女性」では社会的すぎ、「美少女」では男から商品化されるだけになってしまうとする。(4)

○少女がたたかうのは、母性からの解放のため。

少女とはたたかうものとして描かれてきた。たたかう女に母の可能性を含みつつも、母性幻想から逃れえたのが『美少女戦士セーラームーン』という作品。娼婦でも母でもない、少女という、性のない人のたたかいを実現したのが、『少女革命ウテナ』である。(5)

○男の中に女がひとりという紅一点のヒロイン。

男の子向けのアニメは、超軍事大国で、メカ等を使い、怪獣などの異質な場所からやってきた異質なものから世界を守るという大義名分を掲げ、彼らと闘争を繰り広げている。彼らの側にいる女性は、紅一点であることが多く、彼女たちは、若くて独身、男の補助的役割の仕事を担っている。もちろん、彼女はヒーローの恋人でもあり、職場の花でもある。アニメや伝記の

ヒロイン像は社会が求めている「女性のあり方」を表現したものとする。(6)
○「戦闘美少女」という表現ジャンルは日本固有のもの。
トラウマを持たない可憐で無垢な「戦闘美少女」という存在は日本独自の文化現象である。

「戦闘美少女」をペニスに同一化した少女、ファリック・ガール（ペニスを持った少女）と名付け、少女たちは男根に変装して戦うと説明する。(7)
○戦闘美少女が「少女」なのは、少女のイコンが制作者の欲望を喚起する創造性の回路。
「少女」は創造性を喚起する存在である。作者になぜ、少女かと質問しても答えられないのがその理由である。男の願望としての「少女」が重ねられているという見解。(8)
○家庭、学校、共同体において「魔法少女」たちはあらゆるジェンダー規範、社会規範と格闘している。
「魔法少女」アニメを取り上げ、ヘゲモニックなフェミニニティの強化と再生産の表象が存在するが、ジェンダー規範への抵抗や交渉、快楽の側面をすくいだして検討を試みている。(9)
○女性キャラクターは、その時代の女性像を反映する。
日本のヒットアニメはフェミニズムが色濃く反映されている。戦後アニメのなかで、女性は男性の引き立て役、サポート役からしだいにヒロインに転身した。アニメのヒロインには制作側や市場のニーズにあわせて理想的な女性像が描かれている。[10]

（2）「女性の霊性」という視点

従来いわれていることを概観すると、少女表象をフェミニズムの視点、精神分析的視点で論じているものが多いということを指摘できる。フェミニズムは女性の権利、男女平等を求める運動のこと。男女ともに人間であり、平等の権利を持つというという大前提のもとに組み立てられた西欧近代の理論である。精神分析的視点というのは、人間心理の理論と治療技法の体系を指す精神分析を創始したジークムント・フロイト、構造主義的に発展させたジャック・ラカン、分析心理学を創始したカール・グスタフ・ユングらの理論で、ポスト近代の思想に基づく。

西欧の近代合理主義思想やポスト近代の思想による視点では日本文化を説明することはできないと指摘したのは諏訪春雄氏である。[11] 西欧における近代合理主義もそれを崩壊させたポスト近代も、人間が主役で神が不在である。近代合理主義はそれまでの主役であったキリスト神学理論を否定して登場した神不在の論理である。近代合理主義を否定したポスト近代もまた、人間の存在中心で、神と人が共存して形成してきた日本文化を説明しきることは不可能である。

日本は、女神信仰に起源を持つ女性の霊性が守ってきた国である。仏教や儒教の女性差別思想、欧米流男女平等観などの浸透で、姿を消したはずの女性祭祀が、伊勢神宮斎宮、宮中祭祀として継承され、伝統的家庭で女性の管理する神々が存在することも、女性の霊性ぬきに説明することはできないと諏訪氏は指摘する。

日本には表面にみえていない深層の文化がある。本稿は西欧の近代理論では日本文化を説明することはできないとする立場から、日本のアニメの女性主人公を、「女性の霊性」という視点でとらえようとするものである。

2　伝統的な男女観

(1)　ヒメヒコ制

アニメのヒロインを、日本人が古代から一貫して持ち続けてきた女神《じょしん》信仰（大地母神信仰）の視点から読み解くために、注目したいのが日本の伝統的な男女観である。

女性が信仰の対象になったのは、まず、食物を産む大地・自然への信仰から神様が大地にいるという考えがあり、これが大地母神つまり女神につながっている。子どもを産むことができるという能力も信仰の対象になった。そして、神がかりする予知能力を身につけていたということがあげられる。

古代から日本人のなかに生き続けてきた「女性」に対する信仰の代表に、兄弟が姉妹の霊力によって助けられ、王としての男性が女性の巫女によって守られる、危機が迫ると霊力を持った女性によって救われるという信仰がある。

女性（姉妹）が祭事に、男性（兄弟）が政事にたずさわり、女性と男性が力をあわせて国を治めるという習俗をヒメヒコ制という。

古代の日本、邪馬台国の卑弥呼も弟と祭事・政事を分担し、内乱により王であった男にかわって卑弥呼が女王として国を治めたことが中国の歴史書『魏志』にしるされている。

こうした習俗から、女性の霊性に対する信仰が存在したことがわかる。大事なことは、この制度が失われたのちも、女性が男性を助けることによって再生するという男女観が脈々と受け継がれてきたということである。

（2）　男尊女卑ではない男女観

ヒメヒコ的男女観が時代を超えて脈々と受け継がれてきたことを教えてくれるのが、江戸時代の歌舞伎である。[12]

江戸時代といえば、たいていの人が男尊女卑な時代であったと思うであろう。例えば「女は三界に家なし」（女はこの広い世界でどこにも安住できる場所はない）、「女は三従」（幼少時は親に従い、嫁にいったら夫に従い、老いては子に従え）、「女に七去あり」（妻には夫から一方的に離縁されても仕方がない場合が七つある）といった内容を持つ、女のあるべき道を説いた『女大学』は、江戸時代を通して読み継がれてきた道徳書である。

しかしこうした男尊女卑の男女観は、日本人の固有の思想ではない。徳川幕府が政策として取り入れた外来の仏教や儒教の影響によるものである。

江戸時代に誕生した歌舞伎には、男尊女卑のイメージからは程遠い男女観が描かれている。例えば、歌舞伎作品のタイトル。芝居の作品名は漢字で五文字か七文字の奇数の文字数と決まっているが、正式なタイトルとは別に通称や俗称でいわれることが多い。

「お初徳兵衛」（『曾根崎心中』）、「おかる勘平」（『仮名手本忠臣蔵』）、「お染久松《そめひさまつ》」（『新版歌祭文《しんぱんうたざいもん》』）、「お半長右衛門」（『桂川連理柵《かつらがわれんりのしがらみ》』）。こうした主人公たちの名に由来する通称に共通するのは、女主人公の名前が先にくるということである。

まぎれもなく、ヒロインとしての活躍ぶりが、こういう形であらわれているからである。

芝居に登場する女主人公に共通するのは、

①　男性の救済者、庇護者である
②　女性の犠牲死によって物事を解決していく
③　復活と再生をうながす

という役割を担うことである。

女主人公たちは、男性に対する女性の存在理由を象徴的に示している。

①の男性の救済者、庇護者であるのは、『曾根崎心中』のお初、『心中天の網島』のおさんと小春、『新版歌祭文《しんぱんうたざいもん》』「野崎村」のお光やお染、『仮名手本忠臣蔵』のおかるたちである。

お初（『曾根崎心中』）は、徳兵衛の生き方をきちんと受け止めることができる女だ。出世を棒にふり、大事な金を友人と思っていた九平次にだまし取られ、大衆の前で恥をかかされるような頼りない男だが見限ったりしない。

店の主人に大坂追放を申し渡されたとき、お初は、「大坂においてもらえなければ、私に考えがあるし、どうしても逢えなくなれば、いっしょに死ぬまでのこと」と力強く励ます。死を覚悟してお初に別れを告げに来たとき、徳兵衛をそっと店の縁の下にかくまうと、徳兵衛の悪口をまくし立てる九平次の前で、「だまされたといっても、証拠がないので身の潔白を明らかにすることはできない。こうなったら死ななければならないけれど、あなたの死ぬ覚悟が聞きたいわ」と独り言のようにいって、悔しさに震える徳兵衛の無念を晴らしてやる。そして、いっしょに死んでやるのである。

おさんと小春（『心中天の網島』）は、どちらも思慮分別を備えた決断力のある女だ。自分の幸せだけを考えることなしに、頼りない治兵衛をかばい、献身する。

自分の幸せだけを考えないという点ではお光（『新版歌祭文』）も同じである。あれほど久松との祝言を楽しみにしていたのに断念する。久松をあきらめお染に譲ってしまう。無理に結婚すれば、久松はお染と心中してしまうと知ったからだ。祝言をとりやめれば、久松の命は救われるし、父の久作を悲しませることもない。お光（『新版歌祭文』）は許婚の久松の幸せを願って自ら祝言をあきらめ、尼になる。

おかる（『仮名手本忠臣蔵』）は、頼もしい女である（図1）。主君をしくじって打ち沈む勘平をどこまでも励ます。おかるとふたりならば、名誉挽回のチャンスはある

図1　勘平のために遊女になるおかる

かも知れないと思ったから、勘平も自害を思いとどまり、はるばるおかるの実家へと落ち延びたのだ。勘平の名誉回復のためにおかるは我が身を祇園町に売ることを決断する。その身代を勘平が仇討の仲間に加えてもらうための軍資金として役立ててほしいと願ってのことである。

彼女たちに共通しているのは、やさしい心根の持ち主であるということだ。なんとか、男を活性化し、救済しようとする、この男と女の関係は、姉妹が兄弟を霊力で守護する古代のヒメヒコ的男女観にそのまま置き換えることができる。

②の女性の犠牲死によって物事を解決していく女というのは、『妹《いも》背《せ》山《やま》婦女《おんな》庭訓《ていきん》』のお三輪、『女殺油地獄』のお吉、『東海道四谷怪談』のお岩、『伽羅《めいぼく》先代《せんだい》萩《はぎ》』の政岡、『八幡《はちまん》祭《まつり》小望月《よみやの》賑《にぎわい》』の美代吉、『鳴神《なるかみ》不《ふ》動《どう》北山桜《きたやまざくら》』の雲の絶間姫たちである。

お三輪（『妹背山婦女庭訓』）の死は、蘇我入鹿を倒して革命を成功させ、お吉（『女殺油地獄』）の死は、与兵衛の悪事を白日の下にさらした。お岩（『東海道四谷怪談』）は亡霊となって不正をただし、正義は回復されていく。政岡（『伽羅先代萩』）は命にも代えがたいわが子を犠牲にささげることでお家を安泰に導く。美代吉は新助がとりこになった女。その女にだまされた男の復讐劇ですら、美代吉（『八幡祭小望月賑』）の死は、新助に自害という形で自分の人生に決着をつけさせた。雲の絶間姫（『鳴神不動北山桜』）は大胆にもからだを張り、わが身を危険な目にさらすという犠牲を払いながら、日照りの困難から民百姓を救い、混乱した秩序を回復させた。

これらの「犠牲死」は男尊女卑的な男性中心社会における女性の犠牲ではない。女神としての女性が、窮地に立たされた男性を救済するという、伝統的な古代のヒメヒコ的男女観が時代を超えて保持されているがゆえの「犠牲死」である。

③の復活と再生をうながした女たちといえば、『傾《けい》城反魂香《せいはんごんこう》』のおとくや『杜若艶色紫《かきつばたいろもえどぞめ》』のお六をあげることができる。

おとく（『傾城反魂香』）は願いをかなえてくれる女だ。夫又平のためには何でもやってのける。又平の絵が一尺余りの石を貫く奇跡を起こしたのはおとくの献身のなせるわざである。夫が望んだ土佐の名字は許され、師匠から重要な役目を仰せつかる。どもりの浮世

図2　男を復活再生させる女おとく

又平を土佐又平光起として生まれ変わらせた（図2）。

お六（『杜若艶色紫』）は自分が犠牲になることに躊躇をしない女である。妹の恋人を窮地から救い浪人からもとの身分に戻し、ダメ亭主を事件に巻き込ませないように守る。利用できる男はうまく騙し、助けるべき男は救ってやるのである。

これらの男と女の関係は、仏教や儒教などの外来の思想がもたらした差別的な男女観とは違う、古代からの男女観であり、歌舞伎に日本の伝統的男女観が保持され続けていたことがわかる。

江戸時代、『女大学』のような男尊女卑的な男女観を育てながら、古代の女神信仰に支えられたヒメヒコ的男女観が失われることなく歌舞伎の「物語」のなかに生き続けてきたのは、日本人が古いものを大切に保存する民族だからである。

3　アニメに描かれる男女観

続いて宮崎駿監督作品から、男主人公が活躍するアニメ『天空の城ラピュタ』と、女主人公が活躍するアニメ『風の谷のナウシカ』を取り上げ、アニメに描かれた男女観を探っていく。

（1）男主人公が活躍～『天空の城ラピュタ』

冒険活劇

一九八六年（昭和六十一）に公開された、宮崎駿氏が監督、脚本を手掛けたスタジオジブリの劇場用アニメーション作品『天空の城ラピュタ』は、男主人公パズーが活躍する冒険活劇である。

キャッチコピー「ある日、少女が空から降ってきた…」（図３）のとおり、物語はひとりの少年パズーと、空から降ってきた少女シータとの出会いによって始まる。

パズーは鉱山で働く機械工見習い。朝早くから作業の下準備をし、日が暮れるまで一日中働きづめ、親方からの雑用を懸命にこなしながらの毎日だ。こうした日常だが、今は亡き父がみたという空中に浮かぶ島ラピュタへ行く夢を持っている。

そんなある日の夜、空から降ってきたのがシータだった。

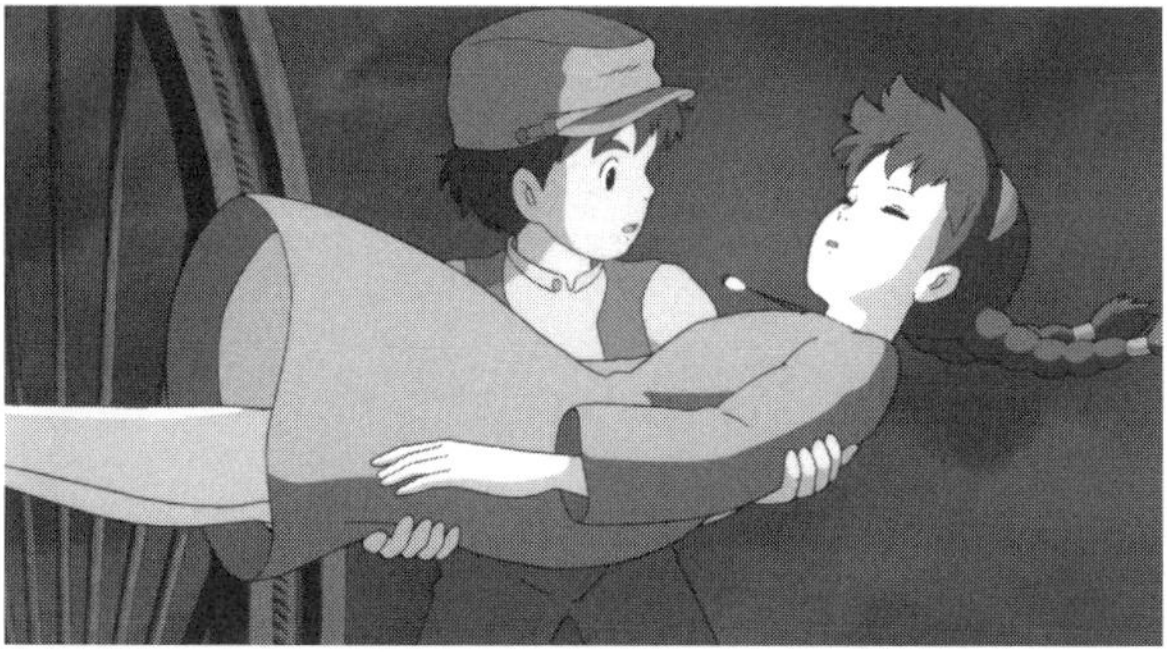

図３『ラピュタ』のパズーとシータの出会いのシーン

軍の特務部隊にとらわれた女の子シータの乗った飛行船が空中海賊に襲撃され、シータは逃げようとして手をすべらせ落下してきたのである。パズーは空から降ってきたシータを助けた。その後、執拗にシータを追う軍の特務部隊や空中海賊をかわし、のちには空中海賊と手を組み、危機的な状況をシータと一緒に乗り越えていく。

シータが現れたことでパズーの生活は一変した。パズーはシータをかくまうが、シータの持っている飛行石をねらう空中海賊のドーラ一家に見つかり、パズーとシーラは線路を走る汽車に飛び乗る。

空中海賊と政府軍に追い詰められ、橋にかかった線路が崩れるとふたりは地下の穴に落ちていき、軍にとらえられるも、パズーのみ解放される。パズーはシータを助けるために空中海賊のドーラ一家の仲間になり、とらわれたシータを救出し、天空の城ラピュタへ向かう。

シータの持っていた飛行石を手に入れたムスカは、天空の城ラピュタ王国の復活をもくろむが、シータは強く反発する。パズーはシータを見つけ出し、シータを救うと、ふたりは崩れ始めた天空の城から脱出する、という物語だ。

物語を支えるシータ

宮崎駿氏は『天空の城ラピュタ』のテーマについて「男の子が女の子と出会ってひと肌ぬごうという話で、男になったってだけなんです」[13]という。

パズーがシータのためにひと肌ぬいだことで男になっていく物語を支えているのは、実はシータという女の子である。

生きるために厳しい日常を生きるパズーは、シータが現れたことで、自分以外の誰か（シータ）を守るということを知る。シータとの出会いによって自分の役割に目覚めたのである。

ふたりは政府から派遣された特務機関の諜報員ムスカにとらえられるが、パズーはムスカから「ラピュタの捜査は、シータさんの協力で、軍が極秘に行うことになったんだ。君の気持ちは分かるが、どうか手を引いてほしい」といわれ、シータにも「ラピュタのこと、忘れて」と告げられ心をうち砕かれる。

パズーはシータから、自らが授かった秘密の名前が「リュシータ・トエル・ウル・ラピュタ」であることを打ち明けられていたし、いつかふたりでラピュタへ行こうと約束していただけに裏切られた思いに打ちのめされた。

しかし、パズーを助けるためにシータが脅されていったことを知る。

「僕がばかじゃなくて力があれば守ってあげられたんだ」

シータの身の上を常に心配しているつもりでいたが、状況は逆だった。自分の未熟さを恥じたパズーは、自らの意思で強くなることを誓う。

空中海賊のドーラ一家の力を借りて、再びシータを救い出すことに成功する。ふたりそろってドーラ一家に身を寄せるなかで、シータが与えられた作業をたくましくこなしていく頼もしい姿を見て勇気と強く生きる力をもらう。パズーは情けない自分と決別したのだ。

巨大な竜巻を束ねたような雲の塊に遭遇するが、「行こう、おばさん。とうさんの行った道だ。とうさんは帰ってきたよ」、パズーはドーラを促し、「竜の巣」へ突入する。

ラピュタへ不時着したパズーは堂々とシータを先導し、とらえられてしまったドーラ一家を助け、危機迫るシータを励まし試練に立ち向かう。

たしかに、パズーがシータのために「ひと肌ぬぐ」という物語である。しかし、この物語を支えているのはシータであった。シータという存在なくしてパズーは肉体的にも精神的にも強くなることはなかったからである。

パズーの夢を実現するシータ

パズーにとって、シータは夢実現になくてはならないという点においても重要な存在だった。その夢というのは、天空に浮かぶ島ラピュタを見つけ出すこと。パズーの父親はある日、天空に浮かぶラピュタを発見し写真を撮ることに成功する。しかし、その存在を誰も信用しないどころか、パズーの父親は詐欺師扱いされ、この世を去った。パズーは、詐欺師の汚名を着せられたまま死んだ父の恥をすすぐため、自分で飛行船を作り父が発見したラピュタを見つけ出そうと考えている。

ラピュタの実在を証明することを夢見ているとシータに語る。

「伝説っていわれてたけど、僕のとうさんはみたんだ」
「今はもう誰も住んでいない宮殿にたくさんの財宝がねむっているんだって。でも誰も信じなかった。とうさんは詐欺師扱いされて死んじゃった」

シータが鉱物に精通するポムじいさんに飛行石をみせると、ポムは

「その昔ラピュタ人だけが結晶にする技を持っていたと聞いたがなあ」

「そいででっかい島を空に浮かばしたとな」

「岩たちがさわぐのは山の上にラピュタが来とるからだとな」

パズーはそれを聞いて大喜びする、

「ラピュタは本当にあったんだね」

「その時空に登れば、ラピュタを見つけられるんだ。シータ。とうさんは嘘つきじゃなかったんだ」


シータに出会ったことで、空に浮かぶラピュタの存在は具体化、同時に父親が許欺師でなかったことを確信し、ついにパズーは夢にまでみた天空の城ラピュタに行くことがかなう。

パズーはシータの存在に支えられ、男として成長し、父の汚名を晴らし、念願のラピュタ行きを実現したのである。

シータの使命

飛行石を持つ資格を有する存在であるということがシータの使命を暗示している。

シータの境遇は厳しい。はるか北方の地「ゴンドアの谷」に住んで、天涯孤独の身で畑を耕し、ヤクを飼いながら暮らしている。亡き母から受け継いだ飛行石を首から提げている。飛行石を所持していることから、軍や空中海賊にねらわれているが、飛行石の不思議な力に守られてもいる。

シータはかわいい、心優しいだけの女の子ではない。連行される飛行船から逃げ出すためムスカを背後からワインの瓶で殴ったり、暴風が吹きすさぶ見張り台に上って軍の飛行軍艦・ゴリアテを見張ったり、軍やムスカの仕打ちにひるまない行動力を持ち合わせている。ドーラ一家との飛行船・タイガーモス号での暮らしにも家事能力を発揮し役に立つ存在である。

シータの最も重要な役割は物語の最後に発揮される。

シータは実は天空に浮かぶラピュタ王国を支配する王族の末裔であった。飛行石はその証であるが本人はそのことを知らない。天帝としてラピュタに君臨した王族の末裔で、継承名は「リュシータ・トエル・ウル・ラピュタ」でこの名前はシータが真のラピュタ王であることを意味している。

ラピュタの城でムスカに捕まったシータは王族しかはいることができないという聖域でムスカからこんなことを聞かされる。

「これこそラピュタの力の根源なのだ。すばらしい。七百年もの間、王の帰りをまっていたのだ」

「君の一族はそんなこともわすれてしまったのかね」

「君の一族と私の一族は、もともとひとつの王家だったのだ。地上におりたときふたつにわかれたがね」

「これから王国の復活を祝って諸君にラピュタの力をみせてやろうと思ってね」

「全世界は再びラピュタのもとにひれふすことになるだろう」

シータの目の前で軍を攻撃するムスカの忌わしいふるまいをみて、シータはムスカから飛行石を取り返すことを決意する。

飛行石をめぐる善と悪との対立関係が明確化し、主役の立場がパズーから、シータにバトンタッチされる。悪に立ち向かうシータの姿がはっきりと立ち現れる。

シータを助けにやってきたパズーに向かい、「海に捨てて」といいながらムスカから取り戻した飛行石を託すと、シータはムスカと対決する。シータはムスカのおそろしい邪悪に満ちた野望を打ち砕くために、自ら犠牲になろうとする。銃を向けるムスカに対峙し、

「ここはお墓よ、あなたとあたしの。国が滅びたのに王だけ生きてるなんて滑稽だわ。あなたに石は渡さない。あなたはここから出ることもできずに、私と死ぬの。今はなぜラピュタが滅びたのかあたしよくわかる。ゴンドアの谷の歌にあるもの。『土に根を下ろし、風とともに生きよう。種とともに冬を越え、鳥とともに春を歌おう』。どんなにおそろしい武器を持ってもたくさんのかわいそうなロボットを操っても土からはなれては生きられないのよ」

シータの役割をしめす象徴的なセリフである。シータは自分の命と引き換えにムスカの野望を阻止しようとする。

日本の男女観の原型

シータはたえず危機にさらされる。シータという女の子が背負う犠牲は、しかし、男尊女卑による男性優位思想によるものではない。この物語には、女神信仰《じょしん》を起源とした女性の霊性の典型であるヒメヒコ的男女観がみられる。

女神信仰に支えられたヒメヒコ的男女観をパズーとシータに探っていこう。

ラピュタに上陸したパズーとシータは、政府軍の兵士たちが財宝を見つけ出し、略奪している現場を目の当たりにする。

ムスカに奪い取られた飛行石を取り戻そうとシータを促すのがパズーだ。

「シータ、飛行石をとりもどそう」
「ここをやつらから守るためにはそれしかないよ」
「もうこの城は眠りからさめてるんだ。嵐に乗って飛行石を持つものを迎えに来たんだよ。このままではムスカが王になってしまう。略奪よりもっとひどいことがはじまるよ」

シータはパズーのことばに、自分の使命を自覚する。その使命を果たすためにパズーは協力する。

ムスカに追いつめられたシータから手渡された飛行石で、ムスカと渡り合うのはパズーだ。

「待て。石は隠した。シータを撃ってみろ。石は戻らないぞ」

「シータとふたりきりで話がしたい」

パズーはシータに寄り添うと

「シータ、落ち着いてよく聞くんだ。あのことばを教えて。ぼくもいっしょにいう」

「ぼくの左手に手をのせて」

パズーの手のひらの飛行石にシータは自分の右手を重ねると、ふたりは「バルス」という。これは、滅びのことば。シータの祖母や母から決して口にしてはいけないといわれたラピュタの滅びのことばだ。パズーはおそれるシータの背中を押す。

パズーがシータの不安や驚きを受け止め、シータのパズーへの信頼がシータを決意させる。

強烈な光とともにラピュタは崩壊し始める。木の根に守られたふたりは脱出、ラピュタをわがものにしようと企んだムスカは滅びる。天空の城は巨樹の根に守られた飛行石とともにはるか上空へと飛び去って行った。

秩序を回復させたのはシータだが、パズーの協力なしにはなしえなかった。

この物語に展開する男女観は、古代の女神信仰を起源とする日本の伝統的男女観の原型そのものであった。

(2)　女主人公が活躍～『風の谷のナウシカ』

『風の谷のナウシカ』は宮崎駿氏が一九八二年（昭和五十七）にアニメ情報誌「アニメージュ」（徳間書店）誌上で発表したＳＦ・ファンタジー作品。一九八四年（昭和五十九）、宮崎自身が監督を務め、劇場用アニメーション作品『風の谷のナウシカ』としてスタジオジブリの前身トップクラフト製作で公開された。

高度産業文明を崩壊させた「火の七日間」という最終戦争後、人類は王蟲《オーム》とよばれる巨大な蟲や毒の森・腐海におびやかされながらに生きている。そうした世界における辺境の地「風の谷」の族長の娘であるナウシカを中心に人間同士の醜い争いを描いた物語である。

女主人公ナウシカの役割

ナウシカという少女が主人公である。ナウシカには三つの存在としての役割を見出すことができる。

一つ目が、救済者としての役割である。

毒に侵された風の谷の族長である父に代わり、ナウシカが風の谷を治めている。ナウシカは、谷の皆から信頼され、慕われている。

トルメキア軍に風の谷が占領されたとき、風の谷の人たちに対しトルメキアのいうことを聞くように説得する。「みんな聞いて、これ以上犠牲をだしたくないの。お願い」「この人たちに従いましょう」。風の谷の人たちは、ナウシカのいうことを聞き入れる。

危機の迫ったユパ・ミラルダやペジテの王子アスベルを助け出し、守るという役割も見逃せない。

ユパ・ミラルダは、ナウシカにとっては師でもある人。風の谷に帰る途中、翅蟲《はむし》にさらわれたキツネリスを人間の子供と見間違え救助のために発砲したことが原因で王蟲に追われていた。風の谷にとってもナウシカにとっても大事な人である。

戦闘機に乗っていたペジテの王子アスベルはトルメキア軍に攻撃され、墜落。腐海で蟲に襲われるところをナウシカが救う。

トルメキアの捕虜となったナウシカは、護送中のアクシデントからペジテの恐ろしい計画を知る。風の谷を王蟲に襲わせ、トルメキアから巨神兵の卵を奪い返すという。ペジテの飛行艇に監禁されたナウシカは風の谷を守るために危険を冒して脱出し、ひとりで戦いに挑み、風の谷を救うのである。

二つ目が犠牲者としての役割である。

風の谷は海風のおかげで森の瘴気から守られた辺境で、人々はのどかな暮らしを送っていたが、トルメキアの商船が墜落したことをきっかけに、占領されてしまう。ナウシカは風の谷を守るためにトルメキア国にくだり、捕虜として連れていかれる。

ナウシカの自己犠牲が発揮されるのは、ペジテの策略で王蟲の子をおとりにされ、風の谷をめがけて暴走する王蟲の群れの前に、子を戻すべく立ちはだかる場面である。

王蟲の群れの先頭に降り立ち、懸命に説得するが、王蟲の怒りが頂点に達していてナウシカのことばは届かない。王蟲の怒りを鎮めることができず、王蟲の子もろともナウシカは跳ね飛ばされて死ぬ。

「大気から怒りが消えた」

「王蟲が止まったぞ」

「姫姉さまが死んじゃった」

「身をもって王蟲の怒りをしずめてくだされたのじゃ。あの子は谷を守ったのじゃ」

ナウシカの犠牲と引き換えに、王蟲の怒りは消え、暴走は停止する。

三つ目が、復活と再生を促す役割である。

王蟲の暴走の前に立ちはだかり跳ね飛ばされて死んだナウシカの身体を王蟲の触角が支えると、ナウシカはよみがえる。

王蟲がナウシカを持ち上げると朝の光で、全身が金色に包まれ、ナウシカは命を回復する。風の谷の人々は歓喜し、王子アスベルやユパたちとともにナウシカを取り囲む。王蟲の群れは静かに森へ帰っていく。その後トルメキア軍も撤退し、風の谷には平和が戻ってくる。ナウシカが生き返ったことで、秩序は更新され、平和な未来が指向される。

ナウシカを支える男たち

『風の谷のナウシカ』は女主人公が活躍するアニメであるが、ナウシカを支える男たちの存在は重要である。

ナウシカの師であるユパ。ナウシカの父ジルの旧友で、腐海辺境一の剣士と称されているが、争いや殺生を好まないという人格者だ。風の谷では人望も厚い。腐海の謎を解くため旅を続けて、各国の文化や歴史、自然科学にも造詣が深い教養人である。

ナウシカにとって大きな存在であることが示されるのは、トルメキア軍に父を殺されて怒り狂い戦闘的になるナウシカを、ユパが、自らのからだをもって止めるシーン。

「ナウシカ落ち着け、ナウシカ、今戦えば、谷の者はみな殺しになろう。生き延びて機会を待つのだ」

このことばにナウシカは我に返る。

「私、自分が怖い。憎しみにかられて何をするかわからない。もう誰も殺したくないのに」

憎しみにかられて何をするかわからないとおびえるナウシカをそっといたわり、ナウシカにとって精神的な支柱となっている。

ナウシカを実質的に支える仲間が城オジ五人衆といわれる城の守りにつく年輩の男たち、ミト、ニガ、ギックリ、ゴル、ムズ。リーダー格のミトはナウシカの頼れる忠臣として活躍。状況に応じてナウシカやユパと行動を共にし、主にガンシップの操縦を担当する。

トルメキアに占領された飛行船から逃れて風の谷へ向かうナウシカを攻撃するトルメキア軍に対し、ユパとミトは援護射撃をし、ナウシカを救う。

ナウシカにとって信頼できる、頼れる仲間たちである。

ペジテの王子アスベルもナウシカの良き理解者である。当初はナウシカと対立するが、腐海でナウシカの話を聞き、協力するようになる。巨神兵による腐海の排除策をナウシカからたしなめられたアスベルは、ペジテが目的（トルメキア兵排除と巨神兵奪取）のために自らの国を滅ぼし、罪も無い風の谷の人々までも殺そうとしていることに失望し、ペジテの船に捕えられたナウシカの脱出を助ける。

「谷の人を救えるのは君だけだ。たのむ行ってくれ、ぼくらのために行ってくれ」

「行けナウシカ」


男たちは、選ばれし者として、父族長に代わって活躍するナウシカを支えている。

女神としての存在

ナウシカは、不思議な力を持っている。腐海に生きる巨大な異生物である王蟲と心を通わせることができる能力がある。たじろぐことも驚くこともなく、嫌悪感を抱かずに王蟲に近づくことができる。蟲笛を使って、王蟲を森へ帰すことができる。

「森へお帰り。大丈夫、飛べるわ。そう、いい子ね」。メーヴェに乗り、蟲を誘導する。

不時着して王蟲に囲まれたとき、ナウシカが王蟲に話しかけると、王蟲は立ち去る。

「王蟲ごめんなさい。あなたたちの巣を騒がして。でもわかって。私たちあなたがたの敵じゃないの」

おとりとなった王蟲の子に向かい、人間が犯す愚行を謝る。


「許してなんていえないよね。ひどすぎるよね」

「今、みんながむかえに来るからね」


ナウシカは、不完全ながらよみがえった巨神兵（科学兵器の象徴）でもかなわない王蟲の怒りを鎮めて森へ帰し、大気から怒りを消し去ることができた。

先にも引用した大ババの「身をもって王蟲の怒りをしずめてくだされたのじゃ。あの子は谷を守ったのじゃ」はナウシカの役割を象徴するせりふだ。

ラストシーンで、ナウシカの役割が解き明かされる。

風の谷に古くから伝わる伝説である。


「その者青き衣をまといて、金色《こんじき》の野に降り立つべし。

図4『ナウシカ』のラストシーン

失われし大地との絆を結び、ついに清浄の地に導かん」

青い服をまとったナウシカが王蟲の触手の上を歩く姿によって、ナウシカこそ「失われし大地との絆を結び、ついに清浄の地に導かん」という伝説の救世主その人だったことがわかる（図４）。

宮崎駿氏は、『ナウシカ』のラストシーンに言及し、こんなことをいっている。[14]

「ぼくとしてはナウシカの前面で王蟲を止めたかった。でも、止まるわけないいんです。だから命を投げ出したナウシカが死んでしまう。これは仕方がないんだけど、そのナウシカが王蟲に持ち上げられて朝の光で金色に染まると、宗教画になっちゃうんですよね！　中村光毅さん（美術監督）とも『困ったね、こりゃあ』なんて言ってたんだけど。あれ以外の方法はなかったかと、ずっと考えてるんです」

「ぼくは、ジャンヌダルクにするつもりはなかったし、宗教色は排除しようと思ってたのに、結果として、あそこにきて宗教画になってしまったんです。非常にとまどったんだけど、自分がもっと物理的な形で描けると思っていたものが、実は宗教部分だったんですかねえ」

ナウシカがよみがえるというラストシーンは、「娯楽映画として感動させるなら主人公は甦るべき」という鈴木敏夫氏と高畑勲氏の説得により決まったものだという(15)。なぜ、宮崎氏にとって、心残りのラストシーンだったのか。

宮崎氏が「宗教」として描きたくなかったからだ。宮崎氏がいう「宗教」「宗教画」、これはキリスト教などの一神教的世界のことを指している。

この場面について、実際、ナウシカがキリスト教におけるイエス・キリストの機能を果たしているという解釈も実際におこなわれている(16)。

宮崎氏は「アニミズムはぼく、好きなんですよ。石コロにも風にも人格があるって考え方、納得できます。でも、そういうのを宗教として謳いあげたくなかった。だから、ナウシカはジャンヌダルクではありません(17)」とはっきりいっている。

日本の文化は宗教ではなく、信仰を母体として誕生した。宗教を母体とした西欧の文化芸術とは大きく異なる。

宮崎氏が「宗教として謳いあげたくなかった」という発言には、作者が意識するとしないとにかかわらず、作品の深層に大地母神信仰（女神信仰）が脈々と受け継がれていることを教えてくれる。

縄文の神として信仰された女性土偶は割られて土の中に埋められた。大地の中の地母神が自分のからだから新しい命を生み出してくれるという信仰だ(18)。

ナウシカが自らを犠牲にささげ、大地に落ちて死んでよみがえるシーンは、地母神が自分のからだを切りきざんで食べ物を作りだすという古代から続く信仰そのものである。ナウシカの復活は日本人の大地母神信仰の具体的表現と解釈することができる。

私たちが、ナウシカがよみがえる奇跡のラストシーンを受け入れることができるのは、根本に「女性」に対する信仰が生き続けているからである。全編にわたるナウシカの活躍が実は伝統的な価値観に支えられていることを証明してくれる、日本文化の本質をつかんだみごとなアニメである。

まとめ

アニメの中に生き続ける女神信仰

アニメにおいて女性が物語世界のなかでどのような役割を果たしているかを、日本の伝統的な男女観に注目し、「女性の霊性」という視点から考察した。

アニメの中の女性の本質、それは女神であるということ。

パズーに支えられながらも悪の手から天空の城を守り、秩序を回復させたシータや、自らが犠牲になり風の谷を守り救済したナウシカには、その資格をみてとることができる。テレビアニメにおける女主人公も然り。

日本のアニメの中の女性の役割とは何か。女性は最終的な救済者であるということだ。世界の秩序は男女の協力で維持されているが、世界を支え、世界を救済する存在、それがアニメにおける女性の役割である。

危機的な状況になると女性の霊力が男性を支えるという古代からの信仰によるヒメヒコ的な男女観がアニメのなかにも生き続けていることを考察した。

意識するとしないに関係なく、日本人が古代から一貫して持ち続けてきた女神信仰は、日本の文化を代表するアニメにも受け継がれ、アニメ世界を支えているのである。

「女性の霊性」という視点で、あまたある日本アニメの作品に目を向けると見え方はどのようにかわるか。本稿は日本アニメの本質を探るために試みたものであることを断っておく。

注

（1）藤田由美子「テレビ・アニメ番組にあらわれた女性像・男性像の分析―ステレオタイプ的な描写の検討を中心に―」「子ども社会研究」2号　一九九六年六月
（2）村上知彦「戦う少女の原像『リボンの騎士』論」『少女たちの戦歴』青弓社　一九九八年
（3）黒田一茂「魔法少女「サミー」と変身少女「りりか」―二つの終着点」『少女たちの戦歴『リボンの騎士』から『少女革命ウテナ』まで』青弓社　一九九八年
（4）アライ＝ヒロユキ「なぜ「少女」「革命」なのか『少女革命ウテナ』論」『少女たちの戦歴』青弓社　一九九八年
（5）織原ジン「少女がたたかう―母性からの解放……『少女革命ウテナ』を擁護する」『少女たちの戦歴』青弓社　一九九八年
（6）斎藤美奈子『紅一点論―アニメ・特撮・伝記のヒロイン像』ビレッジセンター出版局　一九九八年　のち　ちくま文庫　二〇〇一年
（7）斎藤環『戦闘美少女の精神分析』太田出版　二〇〇〇年　のち　ちくま文庫　二〇〇六年
（8）斎藤環「「萌え」の象徴的身分」『網状言論F改―ポストモダン・オタク・セクシュアリティ―』青土社　二〇〇三年
（9）須川亜紀子『少女と魔法　ガールヒーローはいかに受容されたのか』NTT出版　二〇一三年
（10）王飛・高橋光輝「フェミニズム視点からみる日本近代アニメ」「情報処理学会研究報告」No.

七　二〇一六
(11)　諏訪春雄『大地　女性　太陽　三語で解く日本人論』勉誠出版　二〇〇九年、諏訪春雄『天皇と女性霊力』新典社　二〇〇八年
(12)　田口章子『歌舞伎を知れば日本がわかる』新典社　二〇一九年
(13)　『ジブリの教科書2　天空の城ラピュタ』文春ジブリ文庫　二〇一三年
(14)　『風の谷のナウシカ　ロマンアルバム・エクストラ(61)』徳間書店　二〇一三年
(15)　『ジブリの教科書1　風の谷のナウシカ』文春ジブリ文庫　二〇一三年
(16)　佐藤優「『風の谷のナウシカと国家』」『ジブリの教科書1　風の谷のナウシカ』文春ジブリ文庫　二〇一三年
(17)　注14に同じ
(18)　吉田敦彦「古栽培民のハイヌウェレ型　神話と殺害の儀礼」『昔話の考古学　山姥と縄文の女神』中公新書　一九九二年
(19)　注6に同じ
(20)　『子ども調査資料集成』子ども調査研究所　一九七四年
※文中で引用したアニメのセリフはＤＶＤを参照した。

図版

図１　京都芸術大学蔵
図２　京都芸術大学蔵
図３　『天空の城ラピュタ』　スタジオジブリ公式ＷＥＢサイト「作品静止画」
図４　『風の谷のナウシカ』　スタジオジブリ公式ＷＥＢサイト「作品静止画」

アニメと日本文化研究　活動記録

二〇一八・八　新作歌舞伎『ＮＡＲＵＴＯ―ナルト―』観劇
二〇一八・十二　宝塚市立手塚治虫記念館　見学
二〇一九・四　京都国際マンガミュージアム　見学
「江戸からたどる大マンガ史展〜鳥羽画・ポンチ・漫画〜」
二〇一九・七　研究発表
二〇一九・九　研究発表
二〇一九・十一　太陽の塔　見学
国立民族学博物館　見学
特別展「驚異と怪異――想像界の生きものたち」
二〇二一・四　研究発表
二〇二一・六　研究発表
二〇二一・九　研究発表
二〇二一・十一　研究発表

あとがき

アニメが日本を代表する文化のひとつとして、世界から注目されたのは、日本の伝統文化の根本を継承して誕生したからであるという立場から、日本のアニメーションの深層を支えているのが伝統文化であることをあきらかにした。

総論と各論に分け、総論をいわば原理論とし、それぞれの専門家が専門分野を取り上げ論じた研究成果である。

西欧の近代合理主義思想やポスト近代の思想による視点では日本文化を説明することはむずかしいという立場で、学習院大学名誉教授の諏訪春雄先生を中心に勉強を続けてきた。

日本人が創り出した歴史学や考古学で日本文化を分析するという方法は、二〇〇二年から京都芸術大学開講の公開連続講座「日本芸能史」において実践してきた。芸能・芸道を通して日本人の伝統的価値観を知るために学び続けている。講師は第一線で活躍する研究者や実演者だ。学生の授業を一般にも公開する形で、日本とは、日本文化とは、日本人とは何かを問い続けてきたが、一貫して日本独自の視点でとらえ直すことを第一に心掛けてきた。

アニメはそのひとつとして三年（一年の休会を挟む）にわたり、研究テーマとして取り上げたものである。

西欧本位の価値基準はグローバルスタンダードではない。恐ろしいことに日本人は日本独自の価値観や精神的基盤を理解していない。自国を知り相手を知ってこそ、真のグローバル化はかなえられる。日本人はまず日本を知ることから始めなければならない。日本人自身が日本のことを発信していかなければ、日本を理解してもらうことはなかなかむずかしいのである。

なぜ、日本アニメは世界を席巻しているのか。日本独自の視点で読み解くことは、日本人が日本を理解するための近道であるとともに、世界に向けて発信していく上で強力な武器となることはいうまでもない。

本書がアニメを通して日本を知るためのきっかけの一冊になることを願っている。

本書の刊行にあたり、「完全原稿入稿」の約束を見事に破り、編集担当の田代幸子さんに随分ご迷惑をかけた。田代さんには新典社選書57『京都のくるわ―生命を更新する祭りの場―』、新典社選書90『歌舞伎を知れば日本がわかる』でお世話になり、『アニメと日本文化』が三冊目となる。毎回、読者の目線を大事に熱心にかかわっていただいた。心より感謝したい。

振り返れば学生時代から長きにわたり、諏訪春雄先生を中心とした研究会で勉強を続けてきた。今回、三年という限られた期間ではあったが、アニメを研究テーマとして取り上げ、誰も試みたことのない視点での研究成果を形にすることができた。諏訪春雄先生にあらためて深い感謝の意を申し上げたい。

二〇二三年一月

田口章子

執筆者　プロフィール

諏訪春雄（すわ　はるお）

学習院大学名誉教授。文学博士。前国際浮世絵学会理事長。元日本近世文学会代表。『日本の幽霊』、『折口信夫を読み直す』、『歌舞伎へどうぞ』、『日中比較芸能史』、『日本の祭りと芸能―アジアからの視座』、『安倍晴明伝説』、『大地　女性　太陽　三語で解く日本人論』、『国文学の百年』、『親鸞の発見した日本―仏教の究極』、『能・狂言の誕生』、『日本の風水』、『親日台湾の根源を探る―台湾原住民神話と日本人』など多数。ブログ「諏訪春雄通信」で刺激的な最新の研究情報を定期的に提供している。

田口章子（たぐち　あきこ）

京都芸術大学教授。博士（日本語日本文学）。
『ミーハー歌舞伎』、『江戸時代の歌舞伎役者』、『おんな忠臣蔵』、『21世紀に読む日本の古典　東海道四谷怪談』、『歌舞伎と人形浄瑠璃』、『二代目市川團十郎』、『歌舞伎ギャラリー50』（編著）、『元禄上方歌舞伎復元　初代坂田藤十郎　幻の舞台』（編著）、『歌舞伎から江戸を読み直す―恥と情―』、『京都のくるわ―生命を更新する祭りの場―』（編著）、『八代目坂東三津五郎　空前絶後の人』、『日本を知る〈芸能史〉（上巻・下巻）』（編著）、『歌舞伎を知れば日本がわかる』など。

藤澤茜（ふじさわ　あかね）

神奈川大学准教授。博士（日本語日本文学）。

『浮世絵の現在』（分担執筆）、『奇想の江戸挿絵』（分担執筆）、『歌川派の浮世絵と江戸出版界―役者絵を中心に』、『浮世絵が創った江戸文化』、『藤間家所蔵浮世絵全覧』（編著）、『浸透する教養　江戸の出版文化という回路』（分担執筆）、『京都造形芸術大学芸術館　浮世絵コレクション』（監修・執筆）、『日本浮世絵博物館　浮世絵名品100選』（分担執筆）、『歌舞伎江戸百景　浮世絵で読む芝居見物ことはじめ』など。

森谷裕美子（もりや　ゆみこ）

京都芸術大学非常勤講師。園田学園女子大学近松研究所客員研究員。博士（日本語日本文学）。

「近松の絵入浄瑠璃本について」（『論集近世文学』1）、「椿亭文庫所蔵　歌舞伎絵尽し『扇矢数四十七本』について」（『上方文化研究センター研究年報』9）、「八行本『今川了俊』」（『近松研究所紀要』28）など。

アニメと日《に》本《ほん》文《ぶん》化《か》　新典社選書 114

2023 年 2 月 1 日　初刷発行

編　者　田口　章子
発行者　岡元　学実

発行所　株式会社　新 典 社

〒111-0041　東京都台東区元浅草2-10-11　吉延ビル4F
ＴＥＬ　03-5246-4244　ＦＡＸ　03-5246-4245
振　替　00170-0-26932

印刷所　惠友印刷㈱　製本所　牧製本印刷㈱

ISBN 978-4-7879-6864-7 C1395
https://shintensha.co.jp/　E-Mail:info@shintensha.co.jp

新典社選書

B6判・並製本・カバー装　＊10％税込総額表示

⑧③これならわかる復文の要領 ――漢文学習の裏技―― 古田島洋介 二六四〇円
⑧④明治、このフシギな時代 2 矢内賢二 一一〇〇円
⑧⑤源氏物語とシェイクスピア ――文学の批評と研究と―― 廣田收・勝山貴之 一八七〇円
⑧⑥下級貴族たちの王朝時代 ――『新猿楽記』に見るさまざまな生き方 繁田信一 一六五〇円
⑧⑦新版 宮崎駿の地平 ナウシカからもののけ姫へ 野村幸一郎 一六五〇円
⑧⑧宮崎駿が描いた少女たち 野村幸一郎 一八七〇円
⑧⑨向田邦子文学論 向田邦子研究会 三八五〇円
⑨⓪歌舞伎を知れば日本がわかる 田口章子 一七六〇円
⑨①明治、このフシギな時代 3 矢内賢二 一五四〇円
⑨②ゆく河の水に流れて ――人と水が織りなす物語―― 山岡敬和 二三一〇円
⑨③『源氏物語』忘れ得ぬ初恋と懸隔の恋 ――朝顔の姫君と夕顔の女君―― 小澤洋子 一八七〇円
⑨④文体再見 半沢幹一 二二〇〇円
⑨⑤続・能のうた ――能楽師が読み解く遊楽の物語―― 鈴木啓吾 二九七〇円
⑨⑥入門　平安文学の読み方 保科恵 一六五〇円
⑨⑦百人一首を読み直す2 ――言語遊戯に注目して―― 吉海直人 二九一五円
⑨⑧戦場を発見した作家たち ――石川達三から林芙美子へ 蒲豊彦 二五八五円
⑨⑨『建礼門院右京大夫集』の発信と影響 日記文学会・中世分科会 二五三〇円
⑩⓪鳳朗と一茶、その時代 ――近世後期俳諧と地域文化―― 金田房子・玉城司 三〇八〇円
⑩①賀茂保憲女　紫式部の先達 天野紀代子 一二一〇円
⑩②「宇治」豊饒の文学風土 ――成立と展開に迫る決定七稿―― 風土学会 日本文学 一八四八円
⑩③とびらをあける中国文学 ――日本文化の展望台 高芝・遠藤・山崎・田中・馬場 二五三〇円
⑩④後水尾院時代の和歌 高梨素子 二〇九〇円
⑩⑤鎌倉武士の和歌 ――雅のシルエットと鮮烈な魂―― 菊池威雄 二四二〇円
⑩⑥古典文学をどう読むのか ――シェイクスピアと源氏物語と―― 廣田收・勝山貴之 二〇九〇円
⑩⑦東京裁判の思想課題 ――アジアへのまなざし 野村幸一郎 二二〇〇円
⑩⑧日本の恋歌とクリスマス ――短歌とJ-pop 中村佳文 一八七〇円
⑩⑨なぜ神楽は応仁の乱を乗り越えられたのか 中本真人 一四八五円
⑪⓪女性死刑囚の物語 ――明治の毒婦小説と高橋お伝―― 板垣俊一 一九八〇円
⑪①古典の本文はなぜ揺らぎうるのか 武井和人 一九八〇円
⑪②『源氏物語』の時間表現 吉海直人 三三〇〇円
⑪③五〇人の作家たち 日本文学って、おもしろい！ 岡山典弘 一九八〇円
⑪④アニメと日本文化 田口章子 二〇九〇円